Os

Pier Paolo Pasolini
Trilogia della vita

Il Decameron
I racconti di Canterbury
Il fiore delle mille e una notte

a cura di Giorgio Gattei

Arnoldo
Mondadori
Editore

© 1975 Cappelli Editore, Bologna
Edizione su licenza dell'Editore Cappelli

I edizione Oscar Teatro e Cinema marzo 1987
I edizione Oscar narrativa gennaio 1990

ISBN 88-04-33537-8

Questo volume è stato stampato
presso Arnoldo Mondadori Editore S.p.A.
Stabilimento Nuova Stampa - Cles (TN)
Stampato in Italia - Printed in Italy

Fonti fotografiche

Le illustrazioni di questo volume, come ogni altro ausilio per la
trascrizione dei tre film, sono stati gentilmente dati dalla direzione
generale della P.E.A., e in particolare da Nico Naldini ed Enzo
Ocone, che qui si ringraziano.

Sommario

Abiura dalla "Trilogia della vita"

di
Pier Paolo Pasolini

I

Io penso che, *prima*, non si debba mai, in nessun caso, temere la strumentalizzazione da parte del potere e della sua cultura. Bisogna comportarsi come se questa eventualità pericolosa non esistesse. Ciò che conta è anzitutto la sincerità e la necessità di ciò che si deve dire. Non bisogna tradirla in nessun modo, e tanto meno tacendo diplomaticamente, per partito preso.

Ma penso anche che, *dopo*, bisogna saper rendersi conto di quanto si è stati strumentalizzati, eventualmente, dal potere integrante. E allora se la propria sincerità o necessità sono state asservite e manipolate, io penso che si debba avere addirittura il coraggio di abiurarvi.

Io abiuro dalla «Trilogia della vita», benché non mi penta di averla fatta. Non posso infatti negare la sincerità e la necessità che mi hanno spinto alla rappresentazione dei corpi e del loro simbolo culminante, il sesso.

Tale sincerità e necessità hanno diverse giustificazioni storiche e ideologiche.

Prima di tutto esse si inseriscono in quella lotta per la democratizzazione del «diritto a esprimersi» e per la liberalizzazione sessuale, che erano due momenti fondamentali della tensione progressista degli anni Cinquanta e Sessanta.

In secondo luogo, nella prima fase della crisi culturale e antropologica cominciata verso la fine degli anni Sessanta — in cui cominciava a trionfare l'irrealtà della sottocultura dei «mass media» e quindi della comunicazione di massa — l'ultimo baluardo della realtà parevano essere gli «innocenti» corpi con l'arcaica, fosca, vitale violenza dei loro organi sessuali.

Infine, la rappresentazione dell'eros, visto in un ambito umano appena superato dalla storia, ma ancora fisicamente presente (a Napoli, nel Medio Oriente) era qualcosa che affascinava me personalmente, in quanto singolo autore e uomo.

Ora tutto si è rovesciato.

Primo: la lotta progressista per la democratizzazione espressiva e per la liberalizzazione sessuale è stata brutalmente superata e vanificata dalla decisione del potere consumistico di concedere una vasta (quanto falsa) tolleranza.

Secondo: anche la «realtà» dei corpi innocenti è stata violata, manipolata, manomessa dal potere consumistico: anzi, tale violenza sui corpi è diventato il dato più macroscopico della nuova epoca umana.

Terzo: le vite sessuali private (come la mia) hanno subìto il trauma sia della falsa tolleranza che della degradazione corporea, e ciò che nelle fantasie sessuali era dolore e gioia, è divenuto suicida delusione, informe accidia.

II

Però, a coloro che criticavano dispiaciuti o sprezzanti, la «Trilogia della vita», non venga in mente di pensare che la mia abiura conduca ai loro «doveri».

La mia abiura conduce a qualcos'altro. Ho il terrore di dirlo: e cerco, prima di dirlo, com'è mio reale «dovere», degli elementi ritardanti. Che sono:

a) L'intrasgredibile dato di fatto che, se anche volessi continuare a fare film come quelli della «Trilogia della vita», non lo potrei: perché ormai odio i corpi e gli organi sessuali. Naturalmente parlo di *questi* corpi, di *questi* organi sessuali. Cioè dei corpi dei nuovi giovani e ragazzi italiani, degli organi sessuali dei nuovi giovani e ragazzi italiani. Mi si obietterà: «Tu per la verità non rappresentavi nella "Trilogia" corpi e organi sessuali contemporanei, bensì quelli del passato». È vero: ma per qualche anno mi è stato possibile illudermi. Il presente degenerante era compensato sia dalla oggettiva sopravvivenza del passato che, di conseguenza, dalla possibilità di rievocarlo. Ma oggi la degenerazione dei corpi e dei sessi ha assunto valore retroattivo. Se coloro che *allora* erano così e così, hanno potuto diventare *ora* così e così, vuol dire che lo erano già potenzialmente: quindi anche il loro modo di essere di *allora* è, dal presente, svalutato. I giovani e i ragazzi del sottoproletariato romano – che son poi quelli che io ho proiettato nella vecchia e resistente Napoli, e poi nei paesi poveri del Terzo Mondo – se *ora* sono immondizia umana, vuol dire che anche *allora* potenzialmente lo erano: erano quindi degli imbecilli costretti a essere adorabili, degli squallidi criminali costretti a essere dei simpatici malandrini, dei vili inetti costretti a essere santamente innocenti, ecc. ecc. Il crollo del presente implica anche il crollo del passato. La vita è un mucchio di insignificanti e ironiche rovine.

b) I miei critici, addolorati o sprezzanti, mentre tutto questo succedeva, avevano dei cretini «doveri», come dicevo, da continuare a imporre: erano «doveri» vertenti la lotta per il progresso, il miglioramento, la liberalizzazione, la tolleranza, il collettivismo, ecc. ecc. Non si sono accorti che la degenerazione è avvenuta proprio attraverso una falsificazione dei loro valori. Ed ora essi hanno l'aria di essere soddisfatti! Di trovare che la società italiana è *indubbiamente* migliorata, cioè è divenuta più democratica, più tollerante, più moderna ecc. Non si accorgono della valanga di delitti che sommerge l'Italia: relegano questo fenomeno nella cronaca e ne rimuovono ogni valore. Non si accorgono che non c'è alcuna soluzione di continuità tra coloro che sono tecnicamente criminali e coloro che non lo sono: e che il modello di insolenza, disumanità, spietatezza è identico per l'intera massa dei giovani. Non si accorgono che in Italia c'è addirittura il coprifuoco, che la notte è deserta e sinistra come nei più neri secoli del passato: ma questo non lo sperimentano, se ne stanno in casa (magari a gratificare di modernità la propria coscienza con l'aiuto della televisione). Non si accorgono che la televisione, e forse ancora peggio la scuola d'obbligo, hanno degradato tutti i giovani e i ragazzi a schizzinosi, complessati, razzisti borghesucci di seconda serie: ma considerano ciò una spiacevole congiuntura, che certamente si risolverà – quasi che un mutamento antropologico fosse reversibile. Non si accorgono che la liberalizzazione sessuale anziché dare leggerezza e felicità ai giovani e ai ragazzi, li ha resi infelici, chiusi, e di conseguenza stupidamente presuntuosi e aggressivi: ma di ciò addirittura non vogliono occuparsene, perché non gliene importa niente dei giovani e dei ragazzi.

c) Fuori dall'Italia, nei paesi «sviluppati» – specialmente in Francia – ormai i giochi sono fatti da un pezzo. È un pezzo che il popolo antropologicamente non esiste più. Per i borghesi francesi, il popolo è costituito dai marocchini o dai greci, dai portoghesi o dai tunisini. I quali, poveretti, non hanno altro da fare che assumere al più presto il comportamento dei borghesi francesi. E questo lo pensano sia gli intellettuali di destra che gli intellettuali di sinistra, allo stesso identico modo.

III

Insomma, è ora di affrontare il problema: a cosa mi conduce l'abiura dalla «Trilogia»? Mi conduce all'adattamento.

Sto scrivendo queste pagine il 15 Giugno 1975, giorno di elezioni. So che se anche – com'è molto probabile – si avrà una vittoria delle sinistre, altro sarà il valore nominale del voto, altro il suo valore reale. Il primo dimostrerà una unificazione dell'Italia modernizzata in senso positivo; il secondo dimostrerà che l'Italia – al di fuori naturalmente dei tradizionali comunisti – è nel suo insieme ormai un paese spoliticizzato, un corpo morto i cui riflessi non sono che meccanici. L'Italia cioè non sta vivendo altro che un processo di adattamento alla propria degradazione, da cui cerca di liberarsi solo nominalmente. Tout va bien: non ci sono nel paese masse di giovani criminaloidi, o nevrotici, o conformisti fino alla follia e alla più totale intolleranza, le notti sono sicure e serene, meravigliosamente mediterranee, i rapimenti, le rapine, le esecu-

10

zioni capitali, i milioni di scippi e di furti riguardano la pagina di cronaca dei giornali, ecc. ecc. Tutti si sono adattati o attraverso il non volersi accorgere di niente o attraverso la più inerte sdrammatizzazione.

Ma devo ammettere che anche l'essersi accorti o l'aver drammatizzato non preserva affatto dall'adattamento o dall'accettazione. Dunque io mi sto adattando alla degradazione e sto accettando l'inaccettabile. Manovro per risistemare la mia vita. Sto dimenticando com'erano *prima* le cose. Le amate facce di ieri cominciano a ingiallire. Mi è davanti — pian piano senza più alternative — il presente. Riadatto il mio impegno ad una maggiore leggibilità («Salò»?).

Nota del curatore

Le sceneggiature della «Trilogia della vita» (*Il Decameron, I racconti di Canterbury* e *Il fiore delle mille e una notte*) sono desunte dalle copie dei film attualmente in distribuzione. Nella trascrizione del *Decameron* e dei *Racconti di Canterbury* si sono introdotti, per comodità del lettore, i titoli delle novelle alle quali fanno riferimento i diversi episodi dei film, mentre non si è ritenuto opportuno procedere nello stesso modo per *Il fiore delle mille e una notte* a causa della costruzione «a scatole cinesi» degli episodi stessi, che avrebbe costretto ad una eccessiva e noiosa ripetizione dei medesimi titoli.

Nella trascrizione dei dialoghi de *Il Decameron*, che sono prevalentemente in dialetto, non si è preteso di dare una trascrizione foneticamente esatta della pronuncia, ma piuttosto e semplicemente una «impressione» dialettale, adottando all'uopo una trascrizione italiano-napoletanizzata (con tutte le inesattezze del caso).

In appendice si sono aggiunti infine due episodi de *Il Decameron* e de *Il fiore delle mille e una notte*, previsti nelle sceneggiature di partenza, ma poi non passati nelle trascrizioni filmiche, quali attualmente sono in circolazione.

Il Decameron

Orso d'argento al Festival di Berlino come speciale riconoscimento della Giuria con la seguente motivazione: «per il rigore artistico, la maturità cinematografica e il corposo umorismo con cui Pasolini ha ricreato l'ironia irriverente del Boccaccio e non soltanto ha raggiunto la pittoresca autenticità del Medioevo ma vi ha tradotto, con sana vitalità, un'immagine del mondo d'oggi».

Un film di Pier Paolo Pasolini
IL DECAMERON, da *Il Decameron* di G. Boccaccio
1970 by P.E.A. s.a.s., Roma

con

FRANCO CITTI
NINETTO DAVOLI
JOVAN JOVANOVIC
VINCENZO AMATO
ANGELA LUCE
GIUSEPPE ZICAINA
GABRIELLA FRANKEL
VINCENZO CRISTO
P.P. PASOLINI
GIORGIO JOVINE
SALVATORE BILARDO
VINCENZO FERRIGNO
LUIGI SERAPONTE

ANTONIO DIDDIO
MIRELLA CATANESI
VINCENZO DE LUCA
ERMINIO NAZZARO
GIOVANNI FILADORO
LINO CRISPO
ALFREDO SIVOLI
GUIDO ALBERTI
GIACOMO RIZZO
E. JANNOTTA CARRINO
VITTORIO VITTORI

MONIQUE VAN VOREN
ENZO SPITALERI
LUCIANO TELLI
ANNIE MARGUERITE LATROYE
GERARD EXEL
WOLFANG HILLINGER
FRANCOR MARLOTTA
VITTORIO FANFONI
UHLE DETLEF GERD

GIANNI RIZZO
ADRIANA DONNORSO
E. MARIA DE JULIIS
PATRIZIA DE CLARA
GUIDO MANNARI
MICHELE DI MATTEO
GIOVANNI ESPOSITO
GIOVANNI SCAGLIOLA
GIOVANNI DAVOLI

Aiuti regia

SERGIO CITTI
UMBERTO ANGELUCCI

Assistente alla regia
Segretaria edizione
Assistente al montaggio
Ispettore di produzione
Segretario di produzione
Operatore alla macchina
Aiuto operatore
Assistenti operatore

PAOLO ANDREA METTEL
BEATRICE BANFI
ANITA CACCIOLATI
SERGIO GALIANO
VITTORIO BUCCI
GIOVANNI CIARLO
CARLO TAFANI
ALESSIO GELSINI
GIUSEPPE FORNARI

Fotografo di scena
Arredatore
Aiuto scenografo
Aiuto costumista
Truccatore
Parrucchiere
Fonico
Costumi eseguiti dalla

MARIO TURSI
ANDRA FANTACCI
CARLO AGATE
PIERO CIGOLETTI
ALESSANDRO JACOPONI
JOLE CECCHINI
PIETRO SPADONI
SARTORIA FARANI

Edizione
Sincronizzazione eseguita
nello Studio Cinefonico
Mixage
Assistente mixage

ENZO OCONE

PALATINO
MARIO MORIGI
GIANNI D'AMICO

15

Direttore di produzione	MARIO DI BIASE
Organizzatore generale	ALBERTO DE STEFANIS
Costumi	DANILO DONATI
Scenografia	DANTE FERRETTI
Musiche a cura dell'autore	
Collaborazione del M.	ENNIO MORRICONE
Montaggio	NINO BARAGLI
	TATIANA MORIGI
Direttore della fotografia	TONINO DELLI COLLI
Technicolor	

Prodotto da
FRANCO ROSSELLINI per la P.E.A. - Produzioni Europee Associate s.a.s.

Una coproduzione
P.E.A. - Produzioni Europee Associate s.a.s., Roma
LES PRODUCTIONS ARTISTES ASSOCIES, Parigi
ARTEMIS FILM, Berlino

Scritto e diretto da
PIER PAOLO PASOLINI

Stanzetta buia. Interno. Giorno.

La macchina inquadra Ciappelletto che con un bastone picchia con pazza violenza su un sacco ai suoi piedi. Dal sacco escono urli soffocati.

Ora Ciappelletto afferra un grosso sasso e colpisce ancor più ferocemente con quello. I gemiti cessano.

Ciappelletto afferra il sacco, se lo carica sulle spalle, esce.

Vicoli di Napoli. Esterno. Giorno.

Fuori è l'alba. Ciappelletto, barcollante sotto il peso, scivola lungo il vicolo ancora addormentato.

Dirupo. Esterno. Giorno

La sagoma di Ciappelletto si staglia alla luce nascente sul picco di un dirupo. Con un ultimo sforzo lascia cadere il sacco dalle spalle.

Lo guarda cadere nell'abisso, con un moto di soddisfazione. Sputa.

Episodio «Andreuccio».

Mercato di cavalli e somari a Napoli. Esterno. Giorno.

Una bella ragazza siciliana, accompagnata da una vecchia e da una fanciullina si sta avviando verso il mercato dei cavalli. La vecchia improvvisamente sorride a qualcuno e corre incontro ad un bel burinozzo.

La ragazza guarda il giovane con cui parla la vecchia.

La vecchia ritorna.

SICILIANA: *Chi è quello?*

VECCHIA: *Eh, quello è Andreuccio. Lo conoscevo quando era picciriddu e ora è cussì già grande. Conoscevo pure il padre. Era paesano mio. Era il più ricco del paese. C'aveva tanti sòrdi. Era un signorone. Mò abita dalle parti di Roma e suo figlio Andreuccio è venuto qui a Napoli per comprare li cavalli.*

La siciliana guarda con evidente interesse Andreuccio che

sta contando i denari che ha in borsa, che si perde tra i mercanti di cavalli.

Casa della siciliana. Interno. Giorno.

Una mano sta segando un'asse.
Alla finestra la siciliana guarda fuori, in attesa.

Strada davanti all'albergo di Andreuccio. Esterno. Giorno.

Giunge Andreuccio bighellonando. La fanticella, che abbiamo visto in compagnia della siciliana, gli si fa dappresso.

FANTICELLA: *Ehi, signurino!*

ANDREUCCIO: *Dici a me?*

FANTICELLA: *C'è 'na bella signurina, la mia padrona, ca' vi vulisse parlare.*

ANDREUCCIO (che immagina già chi sa quali avventure amorose): *Con tutto il cuore!*

FANTICELLA: *Allora, signurì, venite appresso a mia, che vi sta aspettando alla sua casa.*

ANDREUCCIO (facendole cenno di andare): *Và, và...*

FANTICELLA (incamminandosi): *Venite appresso a mia!*

Andreuccio la segue, tutto ringalluzzito.

Casa della siciliana. Interno. Giorno.

Seduta sul letto la siciliana sta aspettando Andreuccio. Entra Andreuccio.

ANDREUCCIO: *Ehm, ehm.*

SICILIANA (precipitandoglisi incontro): *Andreuccio! Tu sii il benvenuto!* (piange commossa).

ANDREUCCIO (stupito della calorosa accoglienza): *'A signo', che ve devo di'? Voi siete la bentrovata.*

SICILIANA (prendendolo per mano): *Andreuccio, vieni vieni.* (Lo porta a sedere sulla panca in capo al letto). *Sediamoci qui; accomodati. Oh, Andreuccio. Certo ti meraviglierai di questa mia accoglienza, di come ti abbraccio piangendo e ancor più ti meraviglierai quando ti dirò che tu e io siamo fratello e sorella!*

Andreuccio, stupito (e un po' deluso) non sembra eccessivamente convinto di questa inattesa rivelazione.

SICILIANA: *Devi sapere che Pietro, tuo padre, quando soggiornava a Palermo ha conosciuto una ricca vedova che l'amò talmente da sacrificargli il suo onore. Da questo amore nacqui io.* (Appare visibilmente commossa). *Nostro padre, poi, ritornò presto a Roma e ci ha lasciato, dimenticandosi completamente di noi. Capisci? Mi ha lasciato bambina come se fossi la figlia di una serva! Così io sono cresciuta con mia madre, nobilissima donna, che mi diede in isposa, ancora fanciulla, a un gentiluomo di Agrigento, Guelfo convinto.* (pausa) *Purtroppo la sua intesa con il Re Carlo è stata scoperta da Re Federico, che ci ha cacciati da Palermo, proprio nel momento in cui io stavo per diventare una delle donne più importanti dell'isola! Per fortuna Carlo ci risarcì in parte dei danni subiti a causa sua e ci diede in più terre, case e un ottimo stipendio a mio marito, tuo cognato!*

Nel frattempo sono entrate le fantesche a ordinare la tavola, con fiori e frutta in segno di allegria.

SICILIANA (sollevata della confessione testé fatta): *Ecco così, grazie a Dio, ho potuto incontrarti e conoscerti, caro fratello!*

ANDREUCCIO (in maniera accomodante): *E va beh! Sono proprio contento d'aver trovato una sorella, tanto più che so' pure solo!* (filosoficamente) *Che volete fa'? Non tutto il male vien per nuocere!* (sovrappensiero) *Però papà non ce lo facevo così... Eh bé, ma quando uno è giovane... io capisco... pure io, veramente, ero venuto qui per...* (Preferisce lasciar cadere il discorso). *Mah! Insomma, grazie sorella!*

SICILIANA (baciandolo e abbracciandolo): *Vieni, vieni, adesso. Festeggiamo questa giornata!* (lo conduce verso la tavola festosamente imbandita). *Accomodati, accomodati!*

Vicolo. Esterno. Notte.

Un gruppo di guappi seduti all'angolo della strada. Uno canta una canzone della malavita.

Casa della siciliana. Interno. Notte.

La cena è finita. La siciliana è sulla porta che dà nell'altra stanza, ma prima di allontanarsi dà la buonanotte al «fratello».

SICILIANA: *Ecco, adesso ti fai un bel sonno. Napoli non è una città da girarsi di notte. Buonanotte, fratello mio, a domani.*

ANDREUCCIO: *Buonanotte, sorella mia.*

SICILIANA (come ricordandosi improvvisamente): *Ah! Se hai bisogno di qualche cosa, lascio con te quel guaglioncello* (indica un ragazzino dall'aria strafottente, in un angolo della stanza), *caro fratello mio.*

ANDREUCCIO: *Buonanotte e grazie, sorella.*

SERVE: *Buonanotte.*

ANDREUCCIO: *Buonanotte.*

Appena la siciliana e le fantesche sono uscite, Andreuccio comincia a spogliarsi, sotto gli occhi furbeschi del ragazzino. Quando è in camicia, mostra palesemente di avere un bisogno corporale. Tenendosi la pancia si rivolge al ragazzino.

ANDREUCCIO: *À guaglio'! Addo sta o' ...? Eh?*

RAGAZZINO: *Volete dire il gabinetto? Da chilla parte* (indicando un usciolino). Andreuccio si affretta verso il cesso.

Cesso. Interno. Notte.

Entra Andreuccio, ma come mette il piede sull'assa, che abbiamo visto precedentemente segata, precipita fragorosamente dentro la merda.

ANDREUCCIO: *Ahhhhhhhh!* (tonfo) *Aiuto! Sò cascato dentro la merda! Aiuto! Ah! Che schifo! Aiuto! Aiuto!*

Casa della siciliana, Interno. Notte.

Il guaglioncello lancia un fischio di richiamo. Accorre la siciliana che chiude immediatamente l'uscio del cesso, incurante delle grida d'aiuto di Andreuccio, e rovista tra i panni fino a trovare la borsa piena di soldi.

Cesso. Interno. Notte.

Vistosi abbandonato, Andreuccio decide di fare da sé. Nonostante il fetore che ha addosso, si arrampica sul pozzetto, fino ad una finestrella che dà sul vicolo.

Vicolo. Esterno. Notte.

Andreuccio si affretta, sporco e puzzolente, alla porta della siciliana e prende freneticamente a bussare.

ANDREUCCIO: *Aprite, sorella! Aprite!*

Si affaccia una fantesca.

SERVA: *Chi bussa laggiù?*

ANDREUCCIO: *À signo', io so' Andreuccio, nun mi conoscete? Er fratello della bella siciliana.*

SERVA: *Bon ommo, si te hai bevuto assai, vatti a fà una bella dormita, J'non aggio mai sentito parlare de chisto Andreuccio. Va'... Va'...*

ANDREUCCIO (stupito): *Ma come? Durano così poco le parentele in Sicilia?... Ma almeno buttame giù i vestiti, la borsa con i miei denari...*

SERVA: *Bon ommo, a me mi pare che tu stai sognando* (si ritira).

ANDREUCCIO (imbestialito): *Mortacci vostri!*

Afferra un sasso e lo scaglia contro la finestra, ma mal gliene incoglie, perché tutto il vicolo è messo a rumore. Da ogni finestra spunta una comare che lo copre d'improperi.

1ª COMARE: *Guagliò, sei uno scostumato a venì a disturbà queste donne a quest'ora. Hai capito?*

2ª COMARE: *Ragazzo, che vieni a fare a disturbare a quest'orario?*

3ª COMARE (urlando istericamente): *Fallo per Dio, vattènne! Vattènne dove ti accidono!*

4ª COMARE: *Vattene da qua sotto, va dove devi andare... Va, va, va, va...*

5ª COMARE: *Vattene se non hai niente... Che fai? Vieni domani. Hai capito?*

6ª COMARE: *Ue, tu te ne devi andare di qua, te ne devi andare a fa'n'culo, hai capito? Non devi rompere il cazzo, Vattènne!*

Uno dei guappi all'angolo del vicolo gli fa una sonora pernacchia. Il magnaccia gli si fa dapresso e lo minaccia.

MAGNACCIA: *Ma che vuoi? Perché stai qui a disturbare mia sorella? Ma che vuoi? Perché non te ne vai? Vattene, vattene e vattene.*

7ª COMARE: *È caduto dentro la merda, è caduto dentro la merda.*

Vista la mala parata, non resta ad Andreuccio che alzare i tacchi il più in fretta possibile e allontanarsi da quella gente che non lo lascia più sperare nulla di buono.

Vicolo. Esterno. Notte.

Ma la corsa d'Andreuccio si interrompe di botto. Due figuri si stanno avvicinando con una lanterna in mano. Che siano due guardie? O due malviventi? Gambe in spalla, Andreuccio si rifugia in un casolare che sembra abbandonato.
Ma i due figuri sembrano proprio dirigersi verso quel rifugio. Vi entrano...

Casolare abbandonato. Interno. Notte.

...e si bloccano sulla porta, quasi tramortiti dal tremendo fetore.

1° LADRONE: *E che è? Sto sentendo un fetore che non aggio*

22

mai sentito in tutta la vita mia.

2° LADRONE (annusando): *Merda! Merda!*

Seguendo la puzza, giungono fino alla fonte di tutto quel fetore: una grossa botte dove è nascosto Andreuccio, e basta che alzino un po' la lanterna per vederlo là in fondo, tutto rannicchiato. Ma è in tali condizioni che non possono trattenersi dal mettersi a ridere.

2° LADRONE (finendo di ridere): *Ma chi sei?*

ANDREUCCIO: *Io so' Andreuccio. So' forestiero. Non so' napoletano. So' venuto a Napoli per comprà dei cavalli e ho conosciuto una che mi ha detto che era mia sorella e questa mi ha invitato a casa sua a magnà... Poi m'è scappato de fà un bisogno e so' cascato dentro ar cesso. E mo' eccomi qua.*

1° LADRONE (capendo tutto al volo): *Mmh. Aggio capito, va!*

2° LADRONE: *Guagliò, ringrazia à Madonna che hai perduto tutti i denari.*

ANDREUCCIO: *Che?*

2° LADRONE: *Eh sì, perché le circostanze della vita... E ringrazia Iddio che sei caduto nella merda.* (minaccioso) *Ringrazialo!*

ANDREUCCIO (precipitosamente): *Grazie, Dio.*

2° LADRONE: *E ringrazia Dio un'artra volta che per questi casi ti hanno portato accà. Avrai 'a sorte de guadagnà tanto denaro per quante stelle conta o' ciele* (ride).

1° LADRONE: *Vedi? C'è venuta una gran compassione per te.* (ride pure lui).

2° LADRONE. *Guarda, se tu ci stai nell'imbroglio, t'assicurammo che o' frutto sarà chiù grosso e' chillo che tu hai perduto. Ci stai?*

ANDREUCCIO (che non vede altre vie di uscita): *Va bé. Ci sto!*

Chiesa. Interno. Notte.

Andreuccio e i due ladroni si aggirano in una chiesa. Prudentemente si inginocchiano davanti all'altar maggiore e si segnano devotamente. Poi si dirigono verso un'arca funeraria.

1° LADRONE (spiegando): *Ieri è morto l'arcivescovo di Napoli...*

2° LADRONE: (idem): *... si chiamava messer Minutolo...*

1° LADRONE: *... lo hanno seppellito là dentro...*

2° LADRONE: *... con i suoi ricchissimi vestimenti...*

1° LADRONE: *... e soprattutto con un rubino in un dito che vale più di 500 fiorini d'oro...* (concludendo) *Uè, coraggio, apriamo questa cassa da morto!*

Tutti e tre sollevano faticosamente il coperchio del sarcofago e lo puntellano quel tanto da permettere ad uno di entrarci dentro.

1° LADRONE: *Chi entrerà là dentro?*

2° LADRONE: *Io no!*

1° LADRONE: *Manco io!* (con un tono che non ammette repliche) *Facciamo entrare Andreuccio!*

ANDREUCCIO (tirandosi indietro): *Io no! Io non entro. Ho paura.*

1° LADRONE (con i pugni levati): *Come non entrerai? Quant'è vera la Madonna, se non entri là dentro ti dò tante di quelle legnate in testa che ti lasciamo qui morto.* (spingendolo) *Trase! Trase!*

Di fronte alle minacce, Andreuccio non può che ubbidire: si inerpica sull'arca, vi si infila dentro... e si trova faccia a faccia col cadavere del Minutolo, tutto impaludato.

ANDREUCCIO (pauroso): *Mortacci tua, quanto sei brutto!*

Ma non appena ha individuato il grosso rubino al dito che vale 500 fiorini, gli passa ogni paura. Innanzi tutto glielo sfila velocemente e se lo mette lui al dito. Poi comincia a spogliare il cadavere, passando i paramenti ai compari di fuori: pastorale, mitra, guanti...

1° LADRONE: *E l'anello? Dove sta l'anello?*

ANDREUCCIO (dentro il sarcofago): *Quale anello? Qui non ci stanno anelli.*

2° LADRONE (spazientito): *Dove sta l'anello? Dai!*

ANDREUCCIO: *Ma non ci stanno anelli.*

1° LADRONE (dubbioso): *Sei sicuro?*

ANDREUCCIO: *E come non so' sicuro? Qui non ci stanno anelli!*

1° LADRONE (che ha capito l'antifona): *Ah sì, eh?*

Guarda il compare negli occhi, e di comune accordo tirano via il puntello lasciando cadere con sordo frastuono il coperchio sul povero Andreuccio, rinchiuso con la salma del monsignore per l'eternità.

1° LADRONE: *Vaffanculo!*

2° LADRONE: *Vaffanculo!*

Afferrano la refurtiva e si allontanano lesti, non prima di essersi fatti nuovamente il segno della croce davanti all'altar maggiore.

Chiesa. Interno. Notte.

Ma ecco che nella chiesa entrano altre tre silenziose figure: sono due ladroni guidati da un sagrestano, anch'essi intenzionati a depredare la tomba di messer Minutolo.
Come prima anch'essi aprono l'arca e ne puntellano il coperchio, ma quando si tratta di entrare, nessuno se la sente.

SAGRESTANO: *Sveglia, che siete di piombo? Su!...*

1° LADRO: *No, io non entro.*

2° LADRO: *Neanch'io.*

1° LADRO: *Tengo paura.*

SAGRESTANO: *Ma che avete paura adesso?*

(Dentro l'arca Andreuccio sta ascoltando il dialogo e pensando di conseguenza).

SAGRESTANO: *Che ladri siete? Ve l'ho detto, c'è un rubino che vale un sacco di soldi... E poi non sono il vostro sagrestano, io? Fidatevi di me!... Che paura avete voi? Credete che il morto vi mangi? I morti non mangiano gli uomini...* (spazientito) *Entrerò io!*

Si arrampica sull'arca, ma non appena Andreuccio si vede il polpaccio vicino, lo afferra con ambo le mani e lo morde ferocemente. Il sacrestano lancia un urlo disumano a quell'inspiegabile dolore e, terrorizzato, balza giù dall'arca, fuggendo con i complici (La macchina va a doppia velocità, come nei film di Charlot. *Nota di regia*).
Quando il silenzio è ritornato nella chiesa, Andreuccio osa alzare la testa. Non c'è più nessuno. Allora esce con un balzo giocoso dall'arca, libero! Si rimira il rubino che gli luccica al dito, lo lustra contro il panno del giustacuore, lo rimira di nuovo. Si avvia ballando verso l'uscita.
Fuori è già giorno e la luce del sole assorbe l'immagine di Andreuccio che, come un'ombra, salta e balla.

Vicolo napoletano. Esterno. Giorno.

Un vecchio sta leggendo, di fronte ad una piccola folla, una storia comica e anche un po' oscena.

VECCHIO: *Saper dunque dovete che in Lombardia, dove ce stanno quelli che parlono toscano, esserci un famosissimo monastero di castità e di religione, nel quale vi era una giovane di sangue nobile e di meravigliosa bellezza dotata....* (interrompendo la lettura) *Signori miei, mo' ve spiego alla napoletana... Dunque, che succedette dentro questo convento? Una suora bella chiattuta si innamorò di uno bello giovinotto, e aspettava che si faceva notte per portarselo int'a cella du convento. Ma una notte le altre suore, invidiose, se ne accorsero e li videro che stavano pomiciando tutt'e due. E allora che pensarono di fare? Andettero a chiamare la Madre superiora. — La madre superiora, siccome stava a letto con il prevete, allora che facette? Quando bussarono alla porta, essa si spaventava che invece di mettersi*

26

il velo in testa, si mise le mutande del prevete in capo...

La macchina ha inquadrato tra la folla Ciappelletto, che si guarda attorno in maniera equivoca. Poi si avvicina ad un omone bolso, tutto preso dalla storiella. Con vecchia abilità, Ciappelletto lo deruba della borsa dei denari.

VECCHIO: *Quando succedette ch'andarono a bussare alla porta della suora con tutte le altre suore che stavano a guardare, spaventata la suora uscì fuori e la guardò: Ahh, ma anche tu pure stavi pomiciando dentro la cella tua, perché tieni le mutande del prevete in capo!... E così in chillo convento tutte le suore pomiciarono pure loro...*

Ciappelletto si avvicina ora a un ragazzino, suo complice, e gli passa lestamente la refurtiva...

Episodio «Masetto».

Campagna napoletana. Esterno. Giorno.

Sullo sfondo un convento, nell'aria un dolce canto di monachelle. Nei campi un gruppo di contadini sta lavorando. Un vecchio, sotto un albero, racconta:

ORTOLANO: *Eh, è giusto faticà, ma pe' campà, nun pe' murì. Lo conoscete il convento delle moneghe in copp'o monte? Beh! io là faticavo... al servizio delle moneghe... Ma quanti guai mi hanno fatto passare, nun lo potete immaginare! Una diceva: e posa quello... l'altra diceva: e prendi quell'altro... Un'altra mi toglieva la zappa dalle mani e diceva: zappa qui... e io zappavo, zappavo... e poi erano tutte belle femmine e io non sapevo neppure come dovevo fare. Ieri, mentre me ne stavo andando, m'ha detto 'o sacrestano: Me ne puoi mandare un'altro? Fammi questo favore, mandami un anzianotto come te, perché certamente in convento un giovane non lo possiamo tenere... E sapete io cosa faccio? Io non ci mando proprio nessuno, né vecchio né giovane, perché là dentro non ci può stare nessuno! Un altro vecchio come me dove lo trovi?* (ride) *E per un giovanotto, aveva ragione il sacrestano a non volerlo assumere, perché quelle tengono tutte il diavolo in corpo... eh... eh...*

Uno dei contadini, un ragazzone ben piantato, sta bevendo da una brocca. Asciugandosi la bocca, si rivolge al vecchio:

MASETTO: *L'avete fatta buona a lasciare il convento, perché non è cosa da uomini stare in mezzo a femmine!*

Campagna napoletana. Esterno. Giorno.

È il meriggio. Nella calura estiva tutti dormono sotto le frasche. Solo Masetto è desto. Sta pensando. Poi si alza deciso, afferra una accetta e si allontana.

Convento. Esterno. Giorno.

Masetto bussa alla porta del convento. Viene ad aprire il castaldo in persona.

CASTALDO: *Io sono il castaldo di questo convento. Che vuoi? Chi sei?* (Masetto tace, mugolando) *E parla! Non ti capisco!... Che vuoi?*

Sempre mugolando ed aiutandosi a gesti, Masetto fa capire di essere mutolo, di avere tanta fame e di essere disposto a lavorare pur di mangiare qualcosa.

CASTALDO (che finalmente ha compreso): *Ahhhh! Sei muto?... E hai fame?... Aspetta, aspetta...*

Lo fa entrare.

Cucina del convento. Interno. Giorno.

Masetto sta divorando la zuppa che gli ha dato il castaldo. Entra la madre superiora.

MADRE SUPERIORA: *E chi è questo?*

CASTALDO: *Madre, riverisco. È un povero muto. Non parla. Dice che chiede lavoro. Madre, potrebbe stare con noi come ortolano, tanto è forte e poi* (accompagna le parole con un gesto eloquente) *è scemo!*

La faccia di Masetto, tuffata nella ciotola, pare proprio

l'esatta dimostrazione di quello che sta dicendo il castaldo.

MADRE SUPERIORA: *Sì, sì, teniamolo qui con noi. Dategli un paio di scarpe, qualche cappuccio vecchio... Tenetelo bene, eh? E fatelo mangiar bene...*

In quella arrivano le altre suore, tutte eccitate dalla novità.

1ª SUORA: *E chi è questo?*

2ª SUORA: *È un povero sordomuto, non sente e non parla.*

3ª SUORA: *Uh! Un uomo dentr'o convento! Uh! Madonna mia! Sorelle, un uomo dentr'o convento!*

1ª SUORA (guardando Masetto che sta ridendo da scemo): *È sordo, ma la fame la sente!*

3ª SUORA: *È muto, ma la bocca la muove!*

Ridono.

4ª SUORA: *Ti ci abbuffi, eh?, con la zuppa che ti passano queste povere monachelle?* (ride).

Orto del convento. Esterno. Giorno.

Masetto sta lavorando alla vigna, quando passano per di lì due monachelle intente alla preghiera. Non appena lo scorgono, mezzo spogliato per il caldo, si fermano folgorate e lo guardano con le gote stranamente accese.

1ª MONACA: *Ah, sorella! Se tu mantenessi un segreto, io ti confiderei un pensiero ch'ho avuto più volte... che forse a te piacerebbe...*

2ª MONACA (interessata): *Sì, sì... te lo giuro, non lo dico a nessuno...*

1ª MONACA: *Ebbene, io da tutte le femmine che sono venute qui, aggio sentuto dire che nessuna cosa al mondo è più dolce di quella che una femmina fa con un uomo.* (guarda Masetto e si lecca le labbra) *Ecco perché mi son messa in capo, da un po' di tempo, di provare con questo muto s'è vero quello che le donne dicono... Con questo qui possiamo star tranquille... Lo vedi, è un ragazzo scemo. Certo non potrà dire niente a nessu-*

no... *Tu che ne pensi?*

2ª MONACA (scandalizzata): *Mamma mia, che stai dicendo! Ma non sai che abbiamo promesso la nostra verginità a Dio?*

1ª MONACA: *Ehhh, quante cose gli promettiamo tutti i giorni, che poi non manteniamo!*

2ª MONACA (dubbiosa): *E se restassimo incinte? Cosa succederebbe?*

1ª MONACA: *Ma perché inizi ad aver pensiero del male prima che venga? Ad ogni male ci sta un rimedio!*

2ª MONACA: *Beh! Cosa dici di fare?*

1ª MONACA: *Sono le tre del pomeriggio... a quest'ora le altre stanno tutte a dormire... perciò che cosa dobbiam fare se non prenderlo per mano e portarlo in quel capannetto... e mentre una fa, l'altra fa la guardia...*

2ª MONACA (convinta): *Sì; sì; sì.*

Si dirigono verso Masetto, che tutto ha udito, ma continua a fare il muto e lo scemo.

LE DUE MONACHE: *Scendi giù... Dai vieni con noi! Sbrigati! Dai, dai... E muoviti...*

Masetto non se lo fa dire due volte; tontolone, si fa sospingere dentro il capanno.

Capanno. Interno. Giorno.

Masetto continua a far finta di non capire e la suora che gli si para davanti con le gonne rialzate oltre la cintola, gli deve dire tutto.

1ª MONACA: *Vieni, vieni... Montami in groppa, su, montami in groppa! Vieni, vieni... Ma che, non capisci?... Facciamo all'amore! E dai, bestia!* (Masetto si china sulla monaca, sdraiata a gambe spalancate) *Oh, bravo... vieni giù!* (la suora è ormai tutta un lamento).

Orto. Esterno. Giorno.

Quando la monaca esce dal capanno, è veramente entusiasta.

1ª MONACA: *È il paradiso! È il paradiso, sorella! È vero quel che si dice! Va, va, va, prova pure tu, va!*

Ma nessuna delle due s'è accorta che una terza monaca da una finestrella del convento ha osservato tutto quel tramestio e che quando scompare è solo per ricomparire insieme a tutte le altre, che ora gremiscono finestre e terrazze per guardare.

Orto. Esterno. Giorno.

Nel frattempo anche la seconda monaca ha finito, ed entrambe si allontanano abbracciate, promettendosi grandi cose.

2ª MONACA: *Chi l'avrebbe mai pensato! Zitta, zitta, sorella, zitta con tutte, non lo dire a nessuno!*

1ª MONACA: *Io e te sole, sorella, tutti i giorni! Io e te sole! Tutti i giorni! Sì, sì, facciamo così. È un paradiso, è un paradiso!*

Poco dopo dal capanno esce pure Masetto, tirandosi su le brache. E allora da una finestra all'altra del convento è tutto uno scandalizzarsi.

3ª MONACA: *Che facciamo?*

4ª MONACA: *Corriamo a dirlo alla Madre superiora! Che scandalo!*

3ª MONACA: *Sì, sì, corriamo.*

5ª MONACA (più cauta): *Perché tutta questa fretta? Pensiamoci un momento, sorelle, pensiamoci. Non mi pare giusto che solo due di noi debbono godere quello che possono godere tutte. Che ne dite?*

3ª MONACA: *In nomine Patris et Filii et Spiritus Sancti... Amen.*

Cortile del convento. Esterno. Giorno.

Davanti alle celle le suore sono in attesa. Dalla prima esce

Masetto, un po' affaticato, seguito da una monaca dall'espressione eccezionalmente soddisfatta. Masetto fa appena un passo che la seconda lo ghermisce, trascinandoselo dentro la cella. Le altre aspettano in fila il proprio turno.

Orto del convento. Esterno. Giorno.

Masetto è stanco, finalmente libero si sdraia sotto un albero a riposarsi di tanto «lavoro».
Di lì passa, raccolta in meditazione, la Madre superiora, ma a vederselo così bello, mezzo spogliato, gli viene pure a lei un pensiero. Con tono deciso lo sveglia.

MADRE SUPERIORA: *Su, su, vieni con me! Cammina!*

E se lo porta nella solita capanna.

MADRE SUPERIORA: *Vieni, qua, qua! Obbedisci!* (sdraiandosi per terra) *Vieni sopra di me! Dài! Non vedi? Sei cieco? Su da bravo, vieni sopra di me! Devi fare all'ammore. Su, su, fammi vedere... fammi vedere, vieni, vieni...*

Masetto si china e si dà un po' da fare, ma questa volta fa cilecca, con grande meraviglia della Madre superiora.

MADRE SUPERIORA: *Ehi, ehi, ma che fai? Che è successo? Che ti succede, scemo?... Continua... continua... Ancora non hai finito... Rimettiti giù... Ancora...*

MASETTO (sbottando una volta per tutte): *Signora, lo sanno tutte quante che dieci uomini possono appena saziare una donna... E io ne devo saziare nove. Perciò: o mi fate andare via o ci mettiamo d'accordo in un'altra maniera!*

MADRE SUPERIORA (quasi tramortita dalla sorpresa): *E che è questo fatto? Io credevo che tu fossi muto!*

MASETTO: *No, l'ho fatt'apposta per venire qui e fare quel ch'ho fatto... E quanto ho fatto! Signo', ma non mi credevo mai fino a questo punto...*

Le ultime parole di Masetto sono coperte da un grido spiritato della Madre, che sembra ammattita.

MADRE SUPERIORA: *Miracolo! Miracolo!*

MASETTO: *Ma che dicite?*

MADRE SUPERIORA (alzandosi e correndo fuori spiritata):
Sì, miracolo, miracolo! Sorelle! Che miracolo!

Campanile. Interno. Giorno.

La madre superiora entra nella torre campanaria, si afferra
alle corde, suona le campane a distesa. Tutto il convento
è in agitazione.

MADRE SUPERIORA (a Masetto): *Non ti preoccupare, aggiu-
steremo ogni cosa. Facciamo in modo che tu possa restare sempre
al convento... e possa far con tutte senza morire consumato! E
per di più passerai per santo...* (riprendendo ad urlare a squarciagola) *Miracolo!*

Quando tutte le suore sono accorse, la Madre dà a tutte
la buona novella:

MADRE SUPERIORA: *Iddio Nostro Signore ha dato la parola
all'ortolano! Miracolo! Miracolo, sorelle!*

Episodio «Peronella».

Casa Peronella. Interno. Giorno.

Peronella, nuda sul letto, è tra le braccia dell'amante,
Giannello.

PERONELLA: *Vieni, vieni accà.*
Si baciano appassionatamente. Peronella gli slaccia le brache.

PERONELLA: *Ah, amore mio... amore mio.*

Casa Peronella. Esterno. Giorno.

Per la strada si sta avvicinando il marito di Peronella, in
compagnia di un compare. Giunto alla porta, bussa.

MARITO: *Peronella!*

Casa Peronella. Interno. Giorno.

L'idillio degli amanti è bruscamente interrotto da quel bussare. Peronella si alza di scatto.

PERONELLA: *Mamma mia!*

Corre precipitosamente a rivestirsi.

PERONELLA (disperata): *Giannello! È arrivato mio marito. Sono morta!*

Giannello, sbruffone, non sembra affatto preoccupato. Ma fuori il marito continua a tempestare.

MARITO (f.c.): *Peronella! Peronella!*

PERONELLA (con voce stizzita): *Aggio sentuto! Mo' vengo!*

Casa Peronella. Esterno. Giorno.

Il marito rivolto al compare (e ignaro dei commenti ironici delle comari alle finestre), sembra tutto soddisfatto.

MARITO: *Cumpare, lo vedi come s'è chiusa dentro, da quando sono uscito a lavorare, per fare i fatti sua! Sia lodato Iddio che tengo una moglie così onesta.*

Casa Peronella. Interno. Giorno.

PERONELLA (si rivolge, tutta in angustie, all'amante): *Fà presto... Madonna mia!* (correndo verso la porta) *Mo' vengo, mo vengo, aggio sentuto!* (all'amante) *Andiamo! Usciamo! Usciamo! Fa presto!* (al marito) *Sto venendo, sto venendo!* (spinge Giannello dentro un enorme orcio) *Va! Va! Entra dentro l'orcio, che mio marito è geloso pazzo! Stai lì dentro e non ti muovere! Io vado a vedere perché è arrivato così presto stamattina. T'avesse visto quando entravi! Madonna mia!*

GIANNELLO (infilandosi nell'orcio): *Questo cornuto! Avevo quasi fatto!*

Ora Peronella si dirige sicura verso la porta.

PERONELLA: *Ehi! Che? Vuoi rompere la porta? Arrivo! Arrivo!* (apre la porta e come vede il marito lo copre d'improperi) *Ah, tu stai qui? A quest'ora vieni a casa? Ma io t'affogo... Se* non vai a lavorare, come mangiamo? Cosa credi? Che sono contenta di pignorare questi quattro stracci che tengo?... Io verso sangue tutt'il giorno a cucire e mi si sono staccate tutte le unghie, vedi? (addolcendo il tono) *Marito, marito! Non c'è vicina che non si fa meraviglia per tutta la fatica che faccio!!! E tu mi torni a casa con le mani in mano, mentre dovresti essere a lavorare...*

MARITO (ride).

PERONELLA: *Povera me! Madonna mia!* (piange).

MARITO (al compare): *Lo vedi che brava moglie che tengo...* (alla moglie) *Peronella, non prenderti collera, io ti credo. Oggi è festa di San Galeone, non si fatica... Perciò son tornato a casa e ho trovato per vendere l'orcio grosso a questo compare... Ridi, ridi, moglie mia! Avremo pane per più di un mese, perché lo compra per cinque denari. Pensa! Per cinque denari!*

PERONELLA (con grande presenza di spirito, rovescia la situazione a suo favore): *Ecco perché me la prendo con te! Tu che si' uomo e vai per il mondo hai venduto l'orcio per cinque denari... e io che sono 'na femminella che non esce mai di casa l'ho venduto per sette!... a un buon uomo che infatti, poco prima che tu tornassi* (alzando la voce per farsi sentire da Giannello nell'orcio) *è entrato dentro per vedere in che stato si trova...*

MARITO (rimasto con un palmo di naso, rivolto al compare): *Compare, vattene con Dio, che mia moglie l'ha venduto per sette!*

PERONELLA: *Andiamo, andiamo a combinare l'affare con lui.* (ispirata) *Ah, marito mio, dobbiamo accendere un cero a San Galeone perché ti ha fatto tornare!*

In quel mentre dall'orcio fa capolino Giannello.

GIANNELLO: *Addo stai, bona femmina?*

PERONELLA: *Eccomi, vengo, avete visto quant'è bello l'orcio?*

MARITO (congedando il compare): *Arrivederci, compare!*

COMPARE (uscendo): *Statte buono!*

MARITO: *Voi me lo pagavate cinque, e mia moglie l'ha venduto per sette...*

Si avvia verso l'orcio, da dove spunta Giannello.

MARITO: *Stiamo qua, ueh... Come va?*

GIANNELLO: (sorpreso): *Oooh, chi sei tu? Io devo parlare con la femmina colla quale ho combinato l'affare di quest'orcio.*

MARITO (ridendo): *Parlate con me, io sono il marito!*

GIANNELLO: *L'orcio a me pare bono assai, ma qua dentro me pare che ci sia dell'immonnezza.* (l'altro ride) *Qua ci stanno due dita di mondezza... è pieno di mondezza e non si riesce a lavare nemmeno coll'acqua.*

PERONELLA (intervenendo): *E non per questo che non combineremo l'affare... Voi uscite e mio marito entra dentro e lo pulisce buono buono...*

MARITO: *Sì! sì! come no?... Il raschietto* (Peronella glielo porge).

Giannello esce dall'orcio, mentre vi entra il marito. Peronella si sporge dall'orlo per guidare l'opera del marito.

PERONELLA: *Eeh, tieni, tieni il raschietto e ridi, marito mio, che hai fatto un buon affare! Ridi...* (guardando dentro) *Uh! Teneva proprio ragione questo compratore! Si sente una puzza dentro quest'orcio! Gratta, marito mio, gratta, facimmo le cose a dovere! Uhm, più su!... Uhm, più giù!... Ecco, ecco, va bene lì, uhm.*

Mentre Peronella parla, Giannello si è sbottonato davanti e le ha sollevato le sottane, e mentre quella si sporge sull'imboccatura la prende da dietro.

PERONELLA (continuando): *Là è ancora sporco, ma non tenere fretta. Non ci facciamo scappare questo grosso affare! Amore mio!*

Il marito dentro l'orcio, crede che i complimenti siano rivolti a lui e ride di cuore.

PERONELLA (in orgasmo): *Dai, dai... Scortica bene! Così mi piace... E dove lo trovi un marito così? Dove lo trovi un marito così?*

Episodio «Ciappelletto».

Terrazzo di Musciatto. Esterno. Giorno.

Musciatto sta passeggiando con Ciappelletto.

MUSCIATTO: *Le cose, caro Ciappelletto, non ti vanno troppo bene. Ormai quello che hai fatto qui, è tutto quello che potevi fare. Hai falsificato i documenti che si potevano falsificare. Hai ammazzato. Hai stuprato donne. Hai bestemmiato Dio e tutti i Santi... E sei pure un poco recchione. Insomma, guagliò, ti convien smammare da qui per qualche tempo... Dimme se sbaglio...*

CIAPPELLETTO: *Pò esse...*

MUSCIATTO: *Io, per certi affari miei, non mi posso occupare di una faccenda che mi sta molto a cuore. Sai, tengo crediti molto grossi da riscuotere nel Nord, presso certa gente così cattiva, che forse solo tu puoi convincerli con le buone... o con le cattive... Ci stai?*

CIAPPELLETTO (inespressivo): *Eh, ci sto!*

MUSCIATTO: *Va buono! Ti darò le credenziali per il Re e la procura. Sul posto sarai ospite di due fratelli nostri concittadini. Dopo ti darò l'indirizzo. Ti tratteranno con tutti gli onori... Per amor mio, non certo tuo... Puoi andare tranquillo, perché laggiù nessuno ti conosce...*

CIAPPELLETTO (accomiatandosi): *Statte buono, messer Musciatto.*

MUSCIATTO: *Statte buono, Ciappelletto. E torna con la grana, eh?* (si sfrega solennemente l'indice col pollice).

Prato. Esterno. Giorno.

La macchina inquadra la gente «cattiva» del Nord, dai costumi feroci. Alcuni frati giocano a palla con un teschio. Pile di teschi sono sparsi un po' ovunque. Persone si azzuffano, altre saltano, altre ancora trascinano una cassa da morto con dentro un cadavere tutto fasciato.

Casa degli usurai. Interno. Giorno.

Ciappelletto è a tavola con i fratelli usurai suoi concittadini. I tre mangiano e bevono allegramente.

1° USURAIO: *Mein lieber Ciappelletto, glaub nicht das hier Spaghetti gegessen werden; hier wird deutsch gegessen.*

Tutti ridono.

SERVA (servendo Ciappelletto): *Bitte schoen... Darf ich ein biasschen Wein enschenen?*

USURAI E CIAPPELLETTO (brindando): *Salute! Salute!*

2° USURAIO: *Alla faccia di chi ci vuol male...*

1° USURAIO: *Caro Ciappelletto, quante persone hanno a chiagnere dentr'a chista città...*

CIAPPELLETTO: *Perché?*

1° USURAIO: *E lo domandi pure? Con questa fama che porti... Poveri debitori... Ahh!* (fa finta di sentirsi prendere per il collo).

CIAPPELLETTO: *Ma perché? Voi due siete meglio di me?*

1° USURAIO (cambiando discorso): *Eh, la vita...*

CIAPPELLETTO (insistendo): *Sanguisughe. Vermi di camposanto.*

1° USURAIO (in allarme): *Ehi, ma che dici?*

CIAPPELLETTO (continuando): *Pidocchiosi. Uomini di merda.*

USURAI (buttandola in ridere): *Ah! Ah! Ma questo ci sta facendo uno schifo!*

CIAPPELLETTO: *Usurai!* (sputa).

2° USURAIO (lo interrompe adirato): *Cumpà... tu stai uscendo dal seminato... eh?*

CIAPPELLETTO (ridendo): *Sto scherzando!*

1° USURAIO: *Ah, stai scherzando...* (ride).

CIAPPELLETTO: *Io sono di Napoli, voi siete di Napoli! Vogliamoci bene, siamo tutti fratelli nel bene e nel male...*

2° USURAIO: *Hai raggione...*

CIAPPELLETTO: *Napoli, Napoli mia! Soltanto chi ti perde ti vuol bene...*

Commossi, tutti e tre intonano una vecchia canzone napoletana. Ma ad un tratto il canto si strozza in bocca a Ciappelletto, che diventa bianco e strabuzza gli occhi mentre la testa gli cade di schianto sul petto.

1° USURAIO (a Ciappelletto riverso): *Uhe, cumpà...!* (lo scuote).

Camera da letto. Interno. Giorno.

Sulla porta della camera dove riposa malato Ciappelletto, i due usurai commentano gli avvenimenti.

1° USURAIO: *E mo' che facciamo? Non lo possiamo cacciare... Non lo possiamo cacciare. La gente direbbe che prima l'abbiamo accolto a casa con tanto onore e tante belle cose, e mo' che sta morendo... Non lo possiamo cacciare.*

2° USURAIO: *Hai ragione, frate, frate mio, hai ragione. La gente ci prende per due delinquenti. Quello è un pessimo uomo, non si è voluto mai confessare, mai comunicare, mai prendere alcun sacramento. Ha ragione la gente: va a finire come un cane dentro una fossa.*

1° USURAIO: *Se poi si decidesse a confessare... Mamma mia! Non ci voglio proprio pensare, perché i peccati suoi non c'è nessun confessore che può dargli l'assoluzione e ancora finisce come un cane dentro un fosso...*

Ciappelletto, a letto, ha udito e ora li chiama con voce flebile.

CIAPPELLETTO: *Ehi, compari! venite qua* (i due si avvicinano) *Compari, io non vorrei che per colpa mia avete delle seccature. Ho sentito quello ch'avete detto... e sono d'accordo, perché*

39

le cose andrebbero come dite voi... Ma non sarà così. In vita mia, ho fatto tante di quelle ingiurie a Domineddio, e quindi se ne faccio un'altra in punto di morte, sarà la stessa cosa... Perciò andate a cercare un frate, il più santo che c'è in città, e fatelo venire qui a confessarmi. Lasciate fare a me, che tutto andrà bene.

Convento. Esterno. Giorno.

1° USURAIO (urlando): *Ehi del convento!... In nome di Dio, affacciatevi! C'è un caso di morte!*

2° USURAIO (idem): *Andate a chiamare il frate, il più santo ch'avete...*

Strada. Esterno. Giorno.

I due fratelli, mentre si dirigono frettolosamente verso casa insieme al frate, lo mettono al corrente di tutto.

2° USURAIO: *Era tanto una bella cenetta, padre, non mancava niente. Vino, prosciutto, Knedel e tutte le cose...*

1° USURAIO: *Sì, sì... a bocca aperta, padre... e quanto era allegro, padre... Solo la Madonna sa quant'era allegro questo pover'uomo... e cantavamo tutti e tre... «fenesta ca lucea e monna luce»... Eh, sequentia, tutte a noi ce succedono...»*

2° USURAIO: *Eh, povero Ciappelletto, se ne sta dentro il letto come un disperato...*

Camera da letto. Interno. Giorno.

Il frate è accanto al capezzale di Ciappelletto e si prepara per accogliere la sua confessione. I due fratelli si ritirano.

FRATE: *In nomine Patris, et Filii et Spiritus Sancti...*

CIAPPELLETTO: *Amen.*

FRATE: *Hai commesso peccato d'avarizia?*

CIAPPELLETTO: (contrito): *Non mi giudicate, padre, perché sono in casa di quei due usurai...*

Stanza. Interno. Giorno.

Nella camera accanto i due fratelli stanno con l'orecchio attaccato alla porta per sentire quanto dice Ciappelletto e commentano:

1° USURAIO: *Questo figlio di puttana!*

2° USURAIO: *Per l'anima di chi t'è morto!*

Camera da letto. Interno. Giorno.

CIAPPELLETTO (continuando): *... perché in quanto a me, mio padre m'ha lasciato una grande eredità che ho dato tutta ai poveri. E anche il frutto del mio lavoro, metà lo convertivo nei miei bisogni e l'altra metà lo davo ai poveri...*

FRATE (interrompendolo): *Allora... dimmi: se proprio vuoi... Hai mai commesso, con donna, peccato di lussuria?*

Stanza. Interno. Giorno.

USURAI (sbottando): *È recchione!*

Camera da letto. Interno. Giorno.

Ciappelletto tace, come se avesse gran vergogna.

FRATE: *Su, dì, senza timore!*

CIAPPELLETTO: (titubante): *Ecco: io sono così vergine come sono uscito dal corpo di mamma mia.*

FRATE (ispirato): *Che Dio ti benedica!*

Stanza. Interno. Giorno.

I due usurai non si trattengono più dal ridere.

Camera da letto. Interno. Giorno.

FRATE (proseguendo): *Hai peccato di gola?*

CIAPPELLETTO (contrito): *Oh... Sì... Sì, padre... Specie durante i digiuni, ho tanto desiderato di avere quelle insala-*

tucce...

FRATE: *Insalatucce? Beh, figliol mio, questi sono peccati assai leggeri e di poco conto...*

CIAPPELLETTO (disperato): *Oh, padre, padre, ho tanti altri peccati che ancora non vi ho detto!*

FRATE: *Quali?*

CIAPPELLETTO (parlando con grande esitazione): *Un giorno m'è scappato di sputare dentro la casa di Dio...*

FRATE (rassicurante): *Ragazzo mio, ma questo non è proprio niente. Noi che siamo preti, tutto il giorno ci sputiamo. E poi?*

CIAPPELLETTO (ancora disperato): *Ah, padre mio, m'è rimasto un peccato che non ho mai confessato... tant'è la vergogna...*

FRATE (sorpreso): *Ragazzo mio, che dici?*

CIAPPELLETTO (c.s.): *... E ogni volta che ci penso piango come piango ora* (ha gli occhi gonfi di lacrime), *perché... perché sono certo che Dio non mi vorrà mai perdonare.*

FRATE: *Non c'è peccato al mondo che Dio non perdoni, quando il pentimento è sincero, come il tuo.* (Anch'egli si sta commuovendo).

CIAPPELLETTO: *Oh!... Il mio peccato è troppo grande... e voi siete troppo buono a illudermi che Dio voglia perdonarmi...*

FRATE (singhiozzando): *Ma dillo, e pregheremo Dio insieme...*

CIAPPELLETTO: *Non posso!*

FRATE (insistendo): *Su, figliolo, parla!*

CIAPPELLETTO: *Non posso, padre...*

FRATE: *Ma figliolo! Fa' questo sforzo...*

CIAPPELLETTO: *Noooo!*

FRATE: *In nome di Dio!*

CIAPPELLETTO: *No!*

FRATE: *Sì!*

CIAPPELLETTO: *No!*

FRATE: *Sì!*

CIAPPELLETTO: *No!*

FRATE: *Sì!*

CIAPPELLETTO: *No!*

FRATE: *Sì!*

CIAPPELLETTO (sbottando): *Va be'. Se voi mi promettete di pregare per me, ve lo dirò... Sappiate che quando ero piccolino, io per un poco di latte bestemmiai la madre mia!* (piange) *La madre mia!!!*

Stanza. Interno. Giorno.

1° USURAIO (sorpreso): *Ma... ma questo sta morendo e fa tutto questo per poi? Ma allora è veramente un santo!*

Camera da letto. Interno. Giorno.

FRATE (con tono rassicurante e ispirato): *Figliolo, ti sembrano i tuoi così grandi peccati? Mio caro, se anche tu fossi stato uno di quelli stessi che l'hanno posto in croce, tanta e così profonda è la tua contrizione che egli ti perdonerebbe!*

CIAPPELLETTO: *Oh, cosa dite, padre! Mamma mia dolce, che mi ha portato nove mesi in grembo, giorno e notte. Per nove mesi mi ha portato in grembo...* (non ha tempo di finire: strabuzza gli occhi, rimane immobile in un misterioso silenzio e tira l'ultimo respiro).

FRATE (si avvicina al letto, gli chiude gli occhi e lo benedice): *In nomine Patris, et Filii et Spiritus Sancti... Amen.*

Duomo. Interno. Giorno.

C'è grande folla al duomo, il giorno del funerale di Ciappelletto. Il frate dal pulpito tiene una predica particolarmente ispirata.

FRATE: *... E io ho visto che costui, pur comprendendo che il* nostro pastore e la sua curia si procacciano di ridurre a nulla e di cacciare dal mondo la religione cristiana, è rimasto fermo nella sua fede. E voi, maledetti, se un fuscello vi si volge tra i piedi bestemmiate Iddio, la Madonna e tutta la corte del Paradiso! E ora entrate... entrate a onorare questo santo...

Cripta. Interno. Giorno.

Sul catafalco giace il corpo irrigidito dalla morte di Ciappelletto, attorno al quale la folla devota si addensa sempre di più. Due sole persone non sembrano proprio convinte fino in fondo di quella messinscena: i due fratelli usurai.

Episodio «Giotto».

Campagna. Esterno. Giorno.

Sotto una pioggia torrenziale un carretto sta correndo all'indiavolata.

FORESE (indicando una capanna): *Laggiù ci possiamo ripararare!*

GIOTTO (al conducente): *Ferma, ferma!*

FORESE: *Ferma, ferma, andiamo laggiù... ci ripariamo.* (appena il carro s'è fermato, scende) *Andiamo, andiamo...* (incomincia a correre).

GIOTTO (anch'egli correndo): *Forza, avvocato! Corra! Su, corra!*

FORESE: *Sto arrivando, sto arrivando... Ah, mamma mia bella, ma che è? Il padre abate dell'acqua? Ah, mamma mia...*

ALLIEVO (giunto alla capanna): *Prego, avvocato, prego.*

Tutti entrano al riparo.

Capanna. Interno. Giorno.

FORESE (rivolto al contadino che abita la capanna): *Ueeeh, Gennarì... ueeeh, Gennarì, l'avete pregato voi il Signore per far*

44

piovere? Eccovi accontentato!

GENNARO (stando allo scherzo): *Eh, a me il Signore non dice mai di no.*

FORESE: *Ueeh, Gennarì, ti presento il Maestro.* (gli indica Giotto) *Mbè, veramente il Maestro non gradisce di essere chiamato così... Il signore è un bravo artista dell'Alta Italia. È il miglior discepolo di Giotto, ehh,* (ridacchia)... *e viene a Napoli per pittare la nostra città.*

GENNARO (ossequiando il Maestro): *Onoratissimo, Maestro!*

FORESE: *Ehi, Gennarino, dì un po', avresti qualcosa da darci per farci riparare un po' dalla pioggia? Vorremmo partire per Napoli per rientrare prima di questa sera.. Ce l'hai qualche cosa?*

GENNARO: *Avvocato, io ho solo quattro stracci... se volete approfittare...*

FORESE (distribuendo i panni, con i quali ognuno si ricopre): *Eh, grazie Gennarino... qua...* (guardando fuori) *Mamma mia, continua a diluviare.* (uscendo) *Stai bene, Gennarì.*

Anche gli altri lo seguono.

GENNARO: *Per l'amor di Dio, avvocato... ossequi, buon viaggio, buon viaggio...*

GIOTTO: *Arrivederci, Gennarì, grazie, eh?, grazie.*

Campagna. Esterno. Giorno.

Sotto il diluviare i pellegrini risalgono sul carro, coprendosi alla meno peggio con gli stracci dati da Gennaro.

FORESE (ridendo, rivolto al Maestro): *Maestro... Tu credi che se ci venisse incontro uno straniero che non ti conoscesse* (ride... *e ti vedesse combinato così, potrebbe mai pensare che tu sia uno dei più bravi pittori del momento?* (ride).

Anche Giotto, sotto il panno, ride.

Chiesa di Napoli. Esterno. Giorno.

La cittadinanza e le autorità aspettano l'arrivo del Maestro. Eccolo finalmente giungere, ma pare spaurito di fronte a tanta pompa e solennità. Per prima cosa fa l'atto di ritrarsi indietro.

FORESE (raggiungendolo): *Maestro, dove andate?* (lo sospinge verso le autorità) *Questi sono i rappresentanti della Congregazione di Santa Chiara che vi ha commissionato i lavori...* (indica un gruppo di suore) *e queste sono le sorelle del monastero* (sulla porta del Duomo) *Entrate... entrate... prego...*

Tutti cominciano ad entrare.

Duomo. Interno. Giorno.

Sullo sfondo la parete da affrescare. Impalcature da lavoro vengono sospinte in mezzo alla navata, mentre i fanti osservano tutto quel tramestio con evidente interesse.
Ora il Maestro è di fronte alla parete imbiancata. I lavoranti sui palchi attendono un suo ordine.
Il maestro sale sul palco, si avvicina alla parete, comincia a fare alcuni segni...

Mercato. Esterno. Giorno.

È giorno di mercato; in mezzo alla folla, tra i clamori si aggira Giotto, cercando idee, osservando quei volti popolani.

Duomo. Interno. Giorno.

Giotto è di nuovo di fronte alla parete da dipingere, ma ora appare ispirato. I suoi lavoranti preparano i colori; glieli porgono.

Episodio dell'«Usignolo».

Giardino. Esterno. Giorno.

Lizio di Valbona sta dando un banchetto. Tra i commensali c'è un giovanotto dall'aspetto ardente e generoso, Riccardo dei Manardi di Bettinoro.

LIZIO (alzando il calice): *Alla salute, Riccardo!*

RICCARDO: *Alla salute vostra, signor Lizio!*

In un angolo del giardino, un gruppo di ragazze giocano a nasconderello.

UNA RAGAZZA (facendo la conta per chi deve star sotto): *... melarancia/quanti fiori ci sono in Francia/donna Catarì, donna Giuseppi/esci-proprio-fuori tu!*

La ragazza «toccata» si volta verso un albero e comincia a contare, mentre le altre corrono a nascondersi nel vasto giardino.
Una di loro, Caterina, figlia di messer Lizio, mentre corre a nascondersi, si scontra con Riccardo.

CATERINA: *Ah...*

RICCARDO: *Caterina, ti prego, non farmi morire d'amore per te!*

CATERINA (sospirando): *Voglia il Signore che non mi faccia morire tu!*

RICCARDO: *Per me, io faccio quello che vuoi tu. Di' una sola parola, perché dipende da te la salvezza della vita mia e della vita tua...*

CATERINA: *Riccardo, tu lo sai come sono sorvegliata! Solo ora, dopo tanto tempo, ci possiamo parlare... Ma se tu... vuoi venire a dormire con me, devi suggerirmi una cosa, una cosa di cui io non mi faccia vergogna. Dimmela e io t'ubbidirò.*

RICCARDO: *Caterina, dolcezza mia, non so trovar altra via che quella d'andare a dormire sul balcone, quello che sta in alto, e io m'arrangerò a salire quant'è alto il muro...*

CATERINA: *Se tu tieni il coraggio di salire lassù, io farò in modo di dormire sul balcone...*

Sorridono entrambi e stanno per baciarsi.

VOCI DI RICHIAMO (f.c.): *Caterina, Caterina, dove sei? Ca-*

terina...

Si separano precipitosamente.

Giardino. Esterno. Giorno.

In un altro luogo del giardino la mamma di Caterina sta conversando con altre signore. Giunge Caterina, che si fa vento con molta enfasi.

CATERINA (sospirando): *Uffa, che caldo! Ah, mamma mia... Ah...* (rivolgendosi alla madre) *Mamma, lo sapete che l'altra notte non potetti chiudere occhio?*

GIACOMINA: *Dove sta, Caterina, tutto questo caldo? Fa quasi fresco...*

CATERINA: *Eh, mamma, ma voi avete a pensà a quanto sono più calde le guaglione di voi femmine anziane!*

GIACOMINA: *Eh, proprio così, figlia mia! Ma che ci posso fà?*

CATERINA: *Se papà e voi siete d'accordo, io mi farò fare un lettuccio in copp'o balcone, sopra il giardino, che io dormirei là... e all'aria aperta, sentendo cantare l'usignolo, col fresco io dormirei anche meglio che nella stanza vostra.*

GIACOMINA: *E va bene, figlia mia! Adesso lo dico a tuo padre e vediamo cosa dice!*

Terrazzo di casa Lizio. Esterno. Alba.

Sulla terrazza è stato approntato un lettuccio per Caterina, ma invece di dormire, essa attende il suo Riccardo. Ed eccolo che giunge attraverso i tetti.

RICCARDO: *Caterina, Caterina, eccomi. Caterina, amore mio!*

Senza neanche abbracciarsi si spogliano rapidamente. Quando sono nudi:

CATERINA: *Damme 'nu vasu che non aggio mai provato!*

RICCARDO: *Dopo, dopo... Mettiti abbasso...*

Si sdraiano sul letto, si abbracciano.

RICCARDO: *Ah, Caterina...*

Poco dopo si guardano amorosamente negli occhi.

CATERINA: *Riccardo, amore mio!*

RICCARDO (non ancora sazio): *Faccimmo n'atra vôta...*

Casa Lizio. Interno. Alba.

Nella stanza dei genitori, padre e madre stanno russando della grossa.

Terrazzo di casa Lizio. Esterno. Alba.

RICCARDO: *Ah, ...ora dormiamo un poco.* (chiude gli occhi).

Caterina lo guarda. Il suo sguardo percorre il corpo nudo di Riccardo, si sofferma sull'«usignolo». La sua mano si ferma carezzevole sul sesso del giovane.

Casa Lizio. Interno. Giorno.

Al sorgere del sole, il padre si sveglia.

LIZIO (stiracchiandosi): *Fammi vedere un poco come la nostra Caterina ha dormito stanotte col suo usignolo.* (scende dal letto. Esce).

Terrazzo di casa Lizio. Esterno. Giorno.

Il padre guarda allibito la figlia nuda, addormentata presso l'amante, che stringe fra le mani il sesso di Riccardo. Rientra precipitosamente in casa.

Casa Lizio. Interno. Giorno.

LIZIO (rientrando): *Giacomina, Giacomina, viene a vedere tua figlia Caterina che ha preso il suo usignolo e se lo tiene in mano!*

GIACOMINA (insonnolita): *Come può essere?*

LIZIO: *Su, su, vieni con me...*

GIACOMINA: *Ma che stai dicendo, marito mio?*

LIZIO: *Vieni, vieni, e lo vedrai...*

Terrazzo di casa Lizio. Esterno. Giorno.

Anche la madre trasecola a vedere la scena che le si para davanti. Sta per urlare, ma Lizio le chiude la bocca. Egli sa già come rimediare le cose.

LIZIO: *Ssst... Statte zitta. Perché se l'ha preso, sarà suo. Riccardo è un ragazzo bravo, e di buona famiglia... con un gran patrimonio... e con lui non possiamo avere che una buona parentela... La casa nostra è piena di servi armati, e se vorrà andarsene sano e salvo, bisognerà che se la sposi e senza fare tante storie... Così avrà messo il suo usignolo nella gabbia sua, e non in una gabbia altrui.* (batte le mani e fa la voce adirata) *Sveglia, sveglia, sciagurati! Alzatevi!* (I due giovani si levano di soprassalto e cercano di coprirsi alla meno peggio) *Bravo Riccardo... Brava Caterina... E adesso prima che sia costretto a chiamare i miei uomini, vediamo un po' come risolvere questa cosa!*

RICCARDO (in tono contrito): *Signore, vi chiedo perdono in nome di Dio! Lo so, lo so, che sono stato malvagio e merito la morte, per questa mia colpa, e perciò fate quello ch'è giusto... per l'onore vostro...*

CATERINA (piange).

RICCARDO (continuando): *Però, vi prego, se potete perdonarmi, non uccidetemi!*

LIZIO (che non ha affatto questa intenzione): *Riccardo, non meritava questo l'amore che ti portavo e la fiducia che io avevo per te... Ma poiché la giovinezza t'ha portato a compiere un così grave sbaglio, per evitare a te la morte e a me la vergogna, che non potrei lavare in altro modo che col sangue, ti .chiedo di prendere per tua legittima moglie Caterina...*

RICCARDO (che non si aspettava certamente un tal esito): *Sì, me la piglio per moglie! Come no, me la piglio per moglie! Sì, sì e voi come suocero e la moglie vostra come suocera! Sì, sì, come no!*

LIZIO (alla moglie): *Giacomina, dammi l'anellino* (la moglie si sfila l'anello dal dito e lo dà a Lizio che lo porge a Riccardo).

RICCARDO (infilando l'anello al dito di Caterina): *Ecco, Caterina, in nome di Dio, io ti sposo.*

GIACOMINA (improvvisamente comprensiva): *Riposatevi adesso, che certamente avete bisogno più di riposare che di alzarvi...*

I due ragazzi ridono di cuore mentre i genitori si ritirano.

Episodio «Giotto» (continuazione).

Refettorio. Interno. Giorno.

I frati, seduti attorno alla tavola del refettorio, attendono l'arrivo del Maestro, che è in ritardo, per mettersi a mangiare.

FRATE: *Eh, ma allora non arriva più... Eh, questi artisti...*

Entra trafelato Giotto.

GIOTTO: *Scusatemi...*

Si siede al suo posto. Tutti si fanno il segno della Croce, prima di mangiare, ma Giotto più semplicemente si gratta la testa.
Si vede che è perso dietro ben altri pensieri: mangia incurante di quello che trangugia. Poi si ferma di colpo, lascia cadere il cucchiaio e si alza di scatto.

GIOTTO: *Scusatemi, fratelli... Scusatemi tanto...* (esce di fretta).

Duomo. Interno. Giorno.

Giotto sale correndo sull'impalcatura.

GIOTTO: *Ragazzi, al lavoro, forza! Forza, su, forza! Forza, ragazzi! Andiamo! Andiamo! Andiamo!*

Come spiritato, comincia a dipingere.

Episodio «Lisabetta».

Stanza di Lisabetta. Interno. Giorno.

Lisabetta e Lorenzo stanno facendo l'amore, nudi, sul letticciolo della ragazza. Finalmente i due si staccano. Lorenzo si alza...

LISABETTA: *Resta ancora un poco...*

LORENZO: *Lisabetta, devo andare.. È giorno ormai.*

LISABETTA: *Resta, Lorenzo...*

LORENZO (dispiaciuto): *Eh! Anch'io lo vorrei...* (si veste).

Camera. Interno. Giorno.

Pure un fratello di Lisabetta è impegnato a quell'ora in una gagliarda «tenzone d'amore»... Ma la sua attenzione è ora presa dalla voce della sorella.

LISABETTA (f.c.): *Addio Lorenzo. A domani.*

Egli la scorge, attraverso la porta aperta, accomiatarsi da Lorenzo, baciandolo teneramente sulla bocca. A quella vista appare stravolto.
Si alza si precipita nella stanza dove dormono gli altri due fratelli.

Stanza dei fratelli. Interno. Giorno.

1° FRATELLO: *Ehi, fratelli! Ehi, fratelli! Alzatevi!*

2° FRATELLO (insonnolito): *Che cos'è successo?*

1° FRATELLO: *Nostra sorella Lisabetta è stata con il nostro garzone siciliano.. L'ho vista io con gli occhi miei che usciva dalla stanza sua ancora spogliata...*

2° FRATELLO (urla): *Io la uccido.. La.. la.. Mannaggia.. La...*

3° FRATELLO (trattenendolo): *Ehi, ehi, mannaggia alla morte, statte fermo, che stai facendo?*

2° FRATELLO (divincolandosi tra i due): *La... la... la...*

1° FRATELLO: *Ma che vuoi fare? Mannaggia alla miseria! Stai fermo... Ma che sei diventato pazzo? Ma che fai? Ti vuoi calmare o no? Ti vuoi calmare!*

3° FRATELLO: *Basta!* (rivolgendosi al primo) *Ma dì, sei sicuro di quello che dici?*

1° FRATELLO: *Sì, come la luce degli occhi miei.*

3° FRATELLO (cercando di portare un po' di calma): *Stiamocene zitti. Facciamo finta di non saper niente. Qualunque cosa facciamo, oggi ci compromette, e tutti vengono a sapere il nostro disonore.*

2° FRATELLO (piange).

3° FRATELLO: *Aspettiamo e troviamo il momento di toglierci... senza farlo sapere a nessuno... questa vergogna.*

2° FRATELLO (continua a piangere).

Cortile. Esterno. Giorno.

Ferve il lavoro nella corte. Lorenzo è in piena attività. Dalla finestra Lisabetta lo guarda. Nella corte entrano i suoi tre fratelli che si avvicinano a Lorenzo.

1° FRATELLO: *Ehi, Lorenzo, come stai?*

2° FRATELLO: *Basta faticare, compare! Andiamo a prendere un po' d'aria fresca. Oggi è una bellissima giornata; andiamo a vedere se ci giova una passetta. Vieni pure tu* (a Lorenzo), *andiamocene.*

FRATELLI (rivolti alla sorella affacciata alla finestra): *Sorella, facciamo festa, ce ne andiamo a spasso.*

Escono e Lorenzo va con loro.

Bosco. Esterno. Giorno.

I quattro si sono fermati per pisciare. Scherzano.

1° FRATELLO: *Lorenzo, fatti questa pisciata con noi, tanto non si paga niente. Andiamo! Via!*

2° FRATELLO: *Fate un poco di posto al nostro ragazzo.*

LORENZO (accostandosi): *Per amor di Dio!*

3° FRATELLO (sibillino): *Ma tu Lorenzo non credere che non siamo uomini.*

LORENZO: *Ma lo vedo!*

3° FRATELLO (continuando): *Hai pensato male, si capisce! Siamo uomini, siamo uomini! Non vedi che siamo uomini?*

Bosco. Esterno. Giorno.

Lorenzo corre velocemente. I fratelli lo inseguono. Sembra veramente soltanto un gioco.

2° FRATELLO: *Oh, guarda come corre questo Lorenzo, guarda come corre...*

1° FRATELLO: *Aspettaci Lorenzo, dove corri? Dove corri? Dove corri?*

3° FRATELLO: *Eccoci Lorenzo, ti prendiamo! Ti prendiamo Lorenzo! Aspettaci. Ce la fai, Lorenzo, ce la fai o no?*

Bosco. Esterno. Giorno.

Ora sono di nuovo tutti e quattro assieme.

3° FRATELLO: *Sediamoci, ueh. Riposiamoci un poco qua.*

2° FRATELLO: *Questo è il posto più fresco della campagna nostra. Siediti, Lorenzo, che oggi non ci stanno più servi né padroni.*

Tutti si siedono. I fratelli strofinano un grappolo d'uva sul viso di Lorenzo.

FRATELLI: *Tieni, lavati gli occhi, tieni... Rinfrescati la bocca un poco, tieni. Butta giù, oh!*

Tutti ridono. Poi d'improvviso i tre fratelli si fanno misteriosamente seri. Si levano di scatto.

FRATELLI: *Forza, andiamocene, su.* (e poiché Lorenzo tarda) *Che fa questo? Forza! Fatti questa corsa. Andiamocene, Lorenzo! Fatti questa corsa!*

Lorenzo è frastornato. Non capisce il perché di questo strano comportamento.

2° FRATELLO: *Eeh, ma che stai facendo ora? Corri da quella parte!*

3° FRATELLO (con voce imperiosa): *Corri.*

LORENZO: *Perché?*

1° FRATELLO: *Andiamo, Lorenzo. Andiamo, Lorenzo. Fatti questa corsa.. Corri da quella parte...*

2° FRATELLO: *Andiamo, Lorenzo.*

3° FRATELLO: *Lorenzo, ma che stai a fare? Ma che stai a fare?*

Bosco. Esterno. Giorno.

Di nuovo Lorenzo che corre, inseguito dai fratelli. Ma non è più un gioco. I fratelli hanno snudato i pugnali.

Stanza di Lisabetta. Interno. Sera.

Lisabetta è preoccupata di non aver visto rientrare Lorenzo. Si alza, va alla finestra. Fuori già scende la sera.

Stanza di Lisabetta. Interno. Giorno.

Una notte è passata. Lisabetta, accasciata sul letto, sente salire dalla corte i rumori dei lavoranti.

Cortile. Esterno. Giorno.

Lisabetta si affretta verso i fratelli, intenti a parlottare in un angolo della corte.

LISABETTA (avvicinandosi): *Fratelli! Fratelli, scusate! Vi prego, se vi importuno...*

2° FRATELLO (severo): *Che sei venuta a fare qua?*

LISABETTA (timidamente): *Volevo sapere se Lorenzo è tornato...*

1° FRATELLO: *Te lo abbiamo detto tre giorni fa... L'abbiamo mandato a Palermo per certi affari nostri.*

2° FRATELLO (adirato): *E se ce lo domandi ancora, ti diamo la risposta che meriti.*

3° FRATELLO (brusco): *Lisabetta, vattene dentro casa ed esci, come hai fatto sempre, solo con il permesso nostro.*

2° FRATELLO: *Va.. va.. e se ce lo farai ripetere un'altra volta povera te!*

Stanza di Lisabetta. Interno. Notte.

Lisabetta dorme, ma il suo sonno è agitato. Quand'ecco che appare il fantasma di Lorenzo.

LORENZO: *Lisabetta, tu non fai altro che chiamarmi e ti rattristi per la mia lunga assenza e con le tue lacrime dolorosamente mi accusi. Sappi perciò che io non posso più tornare, perché in quell'ultimo giorno che tu mi hai visto, i tuoi fratelli mi hanno ucciso... mi hanno ucciso e mi hanno sepolto laggiù.*

Bosco. Esterno. Giorno.

Appare come in sogno il luogo in cui è stato sepolto Lorenzo.

Stanza di Lisabetta. Interno. Notte.

LORENZO (continuando): *...e perciò non aspettarmi e non chiamarmi più!*

Nel sonno Lisabetta si lamenta.

Cortile. Esterno. Giorno.

Lisabetta si sta rivolgendo ai fratelli.

LISABETTA: *Fratelli, è tanto tempo che resto chiusa in casa... Volete darmi il permesso di andare a passeggiare un poco con la nostra serva?*

3° FRATELLO (magnanimo): *Vai! Divertiti! Va, va, va pure! Ma torna presto... e stai allegra, che così ci piaci.*

Bosco. Esterno. Giorno.

Lisabetta, accompagnata dalla serva, è giunta sul luogo che le è apparso in sogno. Si inginocchia a scavare, fino a trovare il cadavere di Lorenzo. Lo guarda e mormora:

LISABETTA: *Tutto ti vorrei portare via, amore mio, ma non posso...*

Col coltello gli spicca la testa dal busto, che poi avvoltola in un panno bianco. Se la stringe al petto.

Stanza di Lisabetta. Interno. Giorno.

Ora Lisabetta lava teneramente la testa di Lorenzo, l'asciuga e infine la mette dentro un vaso, che era già lì, preparato, tra gli altri sul davanzale. Riempie con cura il vaso di terra grassa, seppellendovi dentro la testa. Poi, sempre aiuta dalla vecchia, vi pianta un basilico.

VECCHIA (a bassa voce): *È basilico salernitano, non ce ne è di più bello... e lo inaffieremo d'acqua di rose e di fiori d'arancio...*

Lisabetta, dolcemente, ripone il vaso sul davanzale.

Episodio «Gemmata».

Mercato dei cavalli. Esterno. Giorno.

Don Gianni e compare Pietro si aggirano per il mercato. Quando compare Pietro vede un cavallo bellissimo, non può trattenere la propria commozione: lo accarezza, lo bacia sul collo. Vorrebbe tanto avere un cavallo! don Gianni comprende il sentimento del pover'uomo, e tuttavia lo richiama.

DON GIANNI: *Eh, su! Adesso andiamo, compare Pietro. Dobbiamo fare una lunga strada. Andiamo via!*

Bosco. Esterno. Giorno.

I due amici, don Gianni sulla cavalla e compare Pietro sull'asino, avanzano lungo una strada di campagna, chiacchierando.

DON GIANNI: *Eh, quanta strada abbiamo fatta insieme, compare Pietro, e su e giù per i mercati per poterci guadagnare un morso di pane...* (cambiando discorso) *Immagino che saremo arrivati quasi nei pressi di casa vostra, almeno dalle descrizioni che mi avete fatto...*

COMPARE PIETRO: *Eh, sì! E finalmente posso ricambiare la vostra ospitalità, don Gianni.*

DON GIANNI: *Vi ringrazio, compare Pietro.*

COMPARE PIETRO: *Però non credetevi di trovare una bella casa come la vostra... Ho un solo posto per me, per Gemmata e per l'asinello...*

DON GIANNI: *In compenso avete una bella moglie, però...*

COMPARE PIETRO: *Grazie, grazie... Sì, ho una bella moglie giovane, ben fatta, ma però...*

DON GIANNI (accomodante): *Ci arrangeremo, compar Pietro, ci arrangeremo!*

COMPARE PIETRO: *Eh, sì! Io e mia moglie abbiamo combinato che essa va a dormire da Zita Carapresa, una vicina nostra, che la ospita con molto piacere. E voi, don Gianni, venite a dormire nel nostro letticciuolo con me!*

Case di Compare Pietro e Zita Carapresa. Esterno. Giorno.

È in corso una festa, si odono risate e musiche di tarantella. Sulla porta Gemmata vede arrivare il marito con don Gianni. Fa la faccia disperata.

GEMMATA: *Pietro! Pietro, marito mio! Madonna mia! Uhm!*

COMPARE PIETRO (sorpreso): *Ma che è successo?*

GEMMATA: *È successa una disgrazia, Pietro mio!... Come dobbiamo fare, adesso?... Zita Carapresa si è sposata e stanno facendo festa a casa sua... Proprio oggi, questa disgraziata!... si doveva sposare! E mo' come facciamo ad ospitare lu prevete? Io non posso andare a dormire da Zita, perché c'è chillo scimunito che*

58

s'è sposato...

COMPARE PIETRO (interrompendola, si rivolge a don Gianni): *Don Gianni, vi presento mia moglie... Gemmata.*

DON GIANNI: *Felicissimo!*

GEMMATA: *Sia lodato Gesù Cristo!*

DON GIANNI (alla donna, sempre con tono accomodante): *...ma non vi tribolate per me, comare Gemmata, per me va bene così... Infatti io, quando mi piace* (con voce misteriosa) *faccio diventare con un incantesimo questa cavalla una bella ragazza... e sto con lei, eh, e poi, quando non voglio, la faccio ridiventare cavalla e l'adopero per il mio mestiere... E per questo in ogni caso, non mi separerei mai da lei... Mai!*

Casa Zita Carapresa. Interno. Notte.

La festa è al culmine. Tutti festeggiano la sposa.

Casa di Compare Pietro. Interno. Notte.

Nell'unica stanza Gemmata e il marito sono a letto. Ma Gemmata non riesce a prendere sonno. Ripensa alle parole di Don Gianni.

GEMMATA: *Ehi, ehi, Pietro! Pietro!*

COMPARE PIETRO: *Che cosa vuoi?*

GEMMATA: *Se il prete è un amico tuo come dice...*

COMPARE PIETRO: *E allora?*

GEMMATA: *Io ho pensato.. perchè non ti fai insegnare quell'incantesimo che ci ha spiegato prima...*

COMPARE PIETRO: *E allora?*

GEMMATA: *Così mi fai diventare una cavalla... e farai i trasporti con l'asino e la cavalla... che sarei io, trasformata dall'incantesimo* (ridacchia). *Sarei una brava cavalla ubbidiente... così guadagneremo il doppio, e quando torni a casa mi farai diventare donna come sono, eh? Pietro, che dici? Che dici? Eh?*

COMPARE PIETRO (convinto): *Sì, sì, sì!*

Ridono entrambi all'idea dell'insperata fortuna che sta per arrivar loro addosso.

Stalla. Interno. Notte.

Don Gianni sta dormendo accanto alla cavalla. Entrano Pietro e Gemmata.

COMPARE PIETRO: *Don Gianni, Don Gianni!*

DON GIANNI (svegliandosi di soprassalto): *Che c'è?*

COMPARE PIETRO: *Don Gianni, perchè non ci insegni l'incantesimo per far diventare questa donna cavalla... e poi per farla diventare ancora donna? Eh, don Gianni?*

DON GIANNI (scocciato): *Ma no...*

COMPARE PIETRO (umile): *Ve ne prego, per l'amor di Dio, Don Gianni, lo vedete come siamo poveri. Fateci questa carità!*

GEMMATA (dolcemente): *Siete tanto amico!*

COMPARE PIETRO: *A voi cosa vi costa? Cosa vi costa?*

DON GIANNI (guardando lascivamente Gemmata che mostra le poppe quasi ignude): *Ma tu ci credi?*

COMPARE PIETRO: *Sì, sì, ci credo!*

GEMMATA: *Sì, sì!*

DON GIANNI: *Beh... Se voi volete io vi faccio vedere come si fa domani mattina presto, appena ci alzeremo... Ma la cosa più difficile in tutto questo, come voi vedrete, è attaccare la coda...* (accompagna le parole con un gesto osceno).

Casa Zita Carapresa. Interno. Alba.

La festa di nozze continua, con rinnovata lena.

Casa di Compare Pietro. Interno. Alba.

Entra Don Gianni. Pietro e Gemmata sono seduti sul letto, ben desti, in ansiosa attesa dell'incantesimo. Come lo vedono entrare, si inginocchiano devotamente.

DON GIANNI (con fare solenne): *...e ricordatevi che a nessuna persona al mondo farei quello che sto facendo a voi. E lo faccio perché voi lo volete proprio! Però, se volete che il miracolo riesca... avete a fare tutto quel che dico io!*

PIETRO e GEMMATA (all'unisono): *Sì, sì.*

DON GIANNI: *E tu, compar Pietro, guarda bene quel che farò e tiene a mente quel che ti dirò. Ma soprattutto, se non vuoi rovinare ogni cosa, qualsiasi cosa tu vedi o ascolti... non devi dire una sola parola!*

COMPARE PIETRO (precipitosamente): *Sarò muto come un pesce!*

GEMMATA: *Sì, sì!*

DON GIANNI: *E preghiamo Dio che la coda si appiccichi bene... Su, commare Gemmata, spogliati nuda...*

GEMMATA: *Nuda, nuda?*

DON GIANNI: *Sì, sì, nuda. Nuda come t'ha fatto mamma. Su, su, Gemmata, spogliati!* (la donna si toglie il camicione). *E mo' giù, giù come una cavalla!* (la donna si mette a carponi). *Tu* (al marito) *tieni questa lanterna.*

Don Gianni si inginocchia dietro la donna ben piantata a terra a quattro zampe e comincia ad accarezzare voluttuosamente le parti del corpo che indica di volta in volta.

DON GIANNI: *Questa sia bella capa di cavalla... Questi siano bei capelli di cavalla...* (sospira) *Queste siano belle braccia di cavalla... Questi siano bei fianchi di cavalla... e questo sia bel petto di cavalla* (le tocca le zinne; è eccitatissimo; ha un attimo di pausa; poi, sollevandosi il camicione davanti e infilando la donna da dietro, annuncia) *E questa sia bella coda di cavalla!*

COMPARE PIETRO (incapace di trattenere la protesta): *Io la coda non ce la voglio, la coda non ce la voglio...*

DON GIANNI (voltandosi adirato, e avendo già fatto quel che doveva fare): *Ah, compare Pietro, che cos'hai combinato? Ma non t'ho detto che non dovevi dicere una parola?*

COMPARE PIETRO: *No, la coda! La coda non la voglio!*

DON GIANNI (rialzandosi con fare rassegnato): *Tu parlando, hai rovinato ogni cosa. Adesso non possiamo fare più niente. Niente più!*

Gemmata, ancora china a quattro zampe sul pavimento, volta la testa con aria sconsolata: c'è rimasta veramente male. L'incantesimo è stato rotto dalla dabbenaggine del marito!

Episodio «Giotto» (continuazione).

Duomo. Interno. Giorno.
I lavoranti sono al lavoro, fischiettando.
Sul palco Giotto dipinge.

Episodio «Tingoccio e Meuccio».

Mercato. Esterno. Giorno.
Tingoccio e Meuccio si aggirano per il mercato, inseguiti dai richiami delle comari.

1ª COMARE: *Sono belli i pomodori! Sono belli i pomodori!*

2ª COMARE: *Hih! Come ti sei fatto rosso, pomodoro! Son belli e freschi i pomodori! Sono belli i pomodori! Comprate i pomodori!*

Tingoccio e Meuccio si sono fermati. Tingoccio ammicca ostentatamente ad una comare. Fa cenno di volerla incontrare. Sempre a gesti la comare risponde: «Dopo».

MEUCCIO (con aria di rimprovero): *Guai a chi muore in peccato mortale!*

TINGOCCIO: *Oh, si dice che in punto di morte, chi si pente si salva!*

MEUCCIO (preoccupato): *E come sarà il posto dove andremo, dopo che siamo morti? Che pensi?*

TINGOCCIO: *Beh, Meuccio mio, chi lo sa?*

MEUCCIO (fissato): *L'inferno, il paradiso? Come saranno, Tingoccio, che dici?*

TINGOCCIO: *Ah! Ma adesso cominci un'altra volta da capo? Ma tu vuoi vedermi morto!*

MEUCCIO (perso dietro i suoi pensieri): *Eh! Chi lo sa? Posso morire prima io... Siamo tutti nelle mani di Dio.*

TINGOCCIO (che ha un'idea): *Ehi, Meuccio!*

MEUCCIO: *Che vuoi?*

TINGOCCIO: *Vogliamo farci una promessa? Il primo che muore, fa sapere a quello che è ancor vivo come si sta dopo morto!*

MEUCCIO: *Sì, sì, ci sto!*

TINGOCCIO: *Me lo giuri?*

MEUCCIO: *Te lo giuro!*

TINGOCCIO: *Te lo giuro pure io!*

Stanza della comare. Interno. Notte.

Tingoccio è a letto con la comare Mora, dopo l'amore. Si alza, mangia qualcosa. La Mora sul letto sospira. Si alza pure lei.

MORA: *Mamma mia, Tingoccio! Per colpa tua sono in grave peccato mortale!*

TINGOCCIO: *E io per colpa tua; perché se io sono il tuo compare, tu se la mia comare. E se la comare mia fa peccato mortale a fottere con il suo compare, il compare fa peccato mortale a fottere con la comare sua!*

MORA (disperata): *Madonna mia, Madonna mia! Perdonaci tu!*

TINGOCCIO (alzandosi tranquillo nonostante tutto): *Va buono! Peccato più, peccato meno, facciamo n'atra vôta...*

Rientra in camera e si butta furiosamente sulla Mora.

Camera di Tingoccio e Meuccio. Interno. Notte.

Mentre Tingoccio finiva di sollazzarsi con la Mora, Meuccio recitava piamente il rosario. Entra Tingoccio fischiettando. È leggero e soddisfatto. Si sdraia sul letto. Si fa il segno della Croce. Meuccio lo guarda con aria di rimprovero.

MEUCCIO: *Sei bianco bianco, mi pari un morto!*

TINGOCCIO: *Tu sei scemo, tieh!* (gli fa le corna).

MEUCCIO: *Sì, sì, fa così tu... e vedrai che se continua così... con la comare tua, pure... tu finisci male... questo te lo dice questo fesso... Almeno pensassi per la salute tua. No, non ti passa nemmeno per la testa... E che ti credi?*
Pure a me piacerebbe di fottere con la comare mia e se volessi lei ci starebbe. Ma io non lo faccio perché penso alla salvezza dell'anima mia, che dopo la morte si presenta senza peccati al cospetto di Dio...

Ma Tingoccio non l'ascolta più; sta già dormendo della grossa.

Episodio «Giotto» (continuazione).

Stanza di Giotto. Interno. Notte.

Anche Giotto sta dormendo. Improvvisamente si sveglia di soprassalto, si rizza a sedere, sgrana gli occhi come avesse di fronte una straordinaria visione.

Visione di Giotto. Luogo astratto. Esterno. Giorno.

La visione di Giotto è l'Aldilà. È una visione frontale, ingenua, ma pure terribile e affascinante. Al centro la Madonna tiene fra le braccia il Bambinello, alla sua destra e alla sua sinistra Angeli in coro e beati che la contemplano.
Più sotto c'è l'Inferno, dove ne succedono di tutti i colori; schiere di dannati aspettano di essere giudicati, con la disperazione negli atti e negli occhi, sorvegliati da Diavoli pelosi come scimmie. Ancora più sotto ci sono i Dannati che hanno già cominciato le loro pene: i tormenti sono i più crudeli...

Episodio «Tingoccio e Meuccio» (continuazione).

Vicolo napoletano. Esterno. Giorno.

Tingoccio è morto. Il corpo, avvolto nelle bende, è portato da quattro compari dentro una barella. Dietro vengono i suoi pochi parenti e amici, la Mora, Meuccio e la sua comare che piange.

MEUCCIO (cercando di consolarla): *Eh, comare mia... E pensare che gliel'ho detto tante volte al povero Tingoccio. Bastava uno, due, tre... ma non di più... Ma lui niente, duro, testardo, non lo volle capire. E dài un mese, e dài un altro... cinque, sei, sette, otto, nove volte al giorno, non si fermava più! Povero Tingoccio! E mo' eccolo qua!*

Camera di Tingoccio e Meuccio. Interno. Notte.

È tornata la notte. Meuccio dorme nel suo letto. Sul letto di Tingoccio c'è una coroncina di fiori. Ma ecco si leva come un soffio di vento, la porta si spalanca e sul vano appare Tingoccio morto.

TINGOCCIO: *Meuccio! Meuccio! Uhe... Meuccio!*

MEUCCIO (svegliandosi di soprassalto): *Chi è?*

TINGOCCIO: *Io sono Tingoccio, e secondo la promessa che ci facemmo, vengo a portarti notizie dell'altro mondo.*

MEUCCIO: *Sii il benvenuto, fratello mio. Ma dimmi, sei salvo o sei perduto?*

TINGOCCIO: *Eeh... sono le cose perse che non si trovano, e se sono perso io, allora, Meuccio, come sarei qui?*

MEUCCIO: *Embé, io non ti volevo dire questo, ma ti volevo dire soltanto se sei tra le anime dannate o all'inferno.*

TINGOCCIO: *Fino a questo punto no, ma per i gravi peccati che ho fatto sto scontando una grossa pena e sto soffrendo molto, mannaggia!*

MEUCCIO: *Ma le pene sono uguali per tutti quanti?*

TINGOCCIO: *No. Chi brucia dentro il fuoco, chi dentro all'acqua bollente, chi dentro il ghiaccio e chi dentro la merda.*

MEUCCIO: *Ah!* (poi con fervore) *Ma dimmi, Tingoccio, ti posso essere utile per qualche cosa su questa terra?*

TINGOCCIO: *Come no?! Fammi dire le messe, le orazioni e fa la carità perché queste cose qua sono di grande aiuto a quelli di là.*

MEUCCIO: *Non ti prendere pena, Tingoccio, che io così faccio.*

TINGOCCIO: *Allora, Meuccio, me ne devo andare, tra poco è giorno.* (accenna alla luce del giorno che sta cominciando ad entrare dalla finestra) *Beh, ciao, stai bene...*

MEUCCIO (frettolosamente): *Ehi, ehi, aspetta... Ti posso fare una domanda?... Dimmi un poco, Tingoccio, ma per la comare tua che pena ti hanno dato?*

TINGOCCIO: *Embé, Meuccio, che te devo dire... Come fui là, incontrai uno che sapeva tutti i peccati miei, a uno a uno... Ma io, pensando al peccato mio con la commare mia e che per questo la pena mia era più grande, me ne stavo appartato, tremando di paura... E uno mi domandò perché avevo tanta paura e io gli dicetti: Eh, io facetti un grosso peccato con la commare mia, ehh... e tanto, tanto grosso lo facetti che mi ritrovo accà... E allora essi mi canzonano, mi dicono: Stronzo, non aver paura che cà delle commari non si tiene conto...*

Meuccio ride sollevato.

TINGOCCIO: *Mbeh, Meuccio, ci siamo visti, non posso proprio restare. Statte buono.* (esce).

Meuccio appena lo vede svanire, scende dal letto e corre fuori, a tutta velocità.

Vicoli. Esterno. Alba.

Meuccio corre indiavolato, ridendo. Arrivato di fronte ad una porticina, l'infila di gran corsa.

Stanzetta comare Meuccio. Interno. Giorno.

La comare di Meuccio sta ancora dormendo. Entra Meuccio. Lei fa appena in tempo a svegliarsi che se lo vede entrare nel letto raggiante di felicità.

MEUCCIO: *Commare... Commare mia! Uhe! Non è peccato, non è peccato! Commare, non è peccato, non è peccato... non è peccato, commare...*

Le si butta golosamente addosso, baciandola e abbracciandola...

Episodio «Giotto» (continuazione).

Duomo. Interno. Giorno.

La pittura è stata ultimata. Gli operai portano via le ultime impalcature. Giotto guarda compiaciuto l'affresco. I frati, tutt'attorno sono felici.

VOCI: *Il vino! Il vino!*

SDENTATO: *Ecco il vino! Ecco il vino!*

FRATE: *Bravo sdentato, ora ci ubriachiamo tutti quanti!*

Il vino viene distribuito, poi tutti brindano alla salute del Maestro.

1° ALLIEVO: *Beviamo alla salute!*

TUTTI: *Alla salute!*

2° ALLIEVO: *Beviamo alla salute del Maestro che ha fatto un'opera grande per la città nostra.*

GIOTTO: *Alla salute! Eh! Grazie amici... alla salute!*

3° ALLIEVO: *E tanti auguri, Maestro, per i prossimi lavori!*

4° ALLIEVO: *Questo vino è bello e buono e fresca è l'anima di Sant'Antonio!*

GIOTTO (fra sé): *...Ma... Io mi domando...*

4° ALLIEVO (continuando): *Questo vino è bello e liscio e beato a chi lo piscia!*

GIOTTO (guardando ancora una volta l'affresco, commenta, scuotendo il capo): *...perché realizzare un'opera, quando è così bello sognarla soltanto?...*

Il Decameron

Episodio «Alibech» tagliato

Inizio storia di Alibech. Ambienti vari. Esterno. Giorno.

Il mare, sonnolento, al mondo ci sono solo lui e il sole.

Dissolvenza su:

PP. della bambina Alibech.

Dissolvenza su:

Il mare c.s.

Dissolvenza su:

Il totale di una grande città araba medioevale (Sana).

Dissolvenza su:

Il mare c.s.

Città di Capsa. Esterno. Giorno.

Una breve sequenza, in vari ambienti, rappresenta questa città di sogno in Oriente.
Cammelli. Un mercato. Un piazzale polveroso. Le alte case barbariche. Gruppi di persone qua e là.
Ed ecco, in un gruppo, un tipo buffo (e commovente come certe persone buffe) sta raccontando con venerazione la vita degli eremiti che si sono ritirati in mezzo al deserto.

UOMO BUFFO: *Essi sono i veri servitori di Dio... perché non solo a una, ma a tutte le cose del mondo hanno rinunciato... Stanno soli notte e giorno, sempre rivolgendo il pensiero a Dio e sempre pregando. Vivono dentro grotte o capannucce, e non* mangiano che qualche radice d'erba, e altro non bevono che acqua. Non possiedono su questa terra, nulla.

In mezzo alla città c'è un alto palazzo che sembra sgretolarsi, fatto com'è di polvere secca, rossastra, coi suoi fitti ornati barbarici. Qui risuona una musica. Davanti ci sono soldati. È il palazzo reale.

Palazzo reale città di Capsa. Interno. Giorno.

Ecco la piccola corte del piccolo re arabo.
I guerrieri, le donne, i servi, i musici.
Tra le figlie del re, c'è Alibech; non ha più di quattordici anni, il suo viso è di una commovente candidezza. Si tiene stretta una bambola. Ma i suoi occhi sono fissi stranamente e ostinatamente nel vuoto.

Deserto. Esterno. Giorno e notte.

Alibech, sola, col suo vestito di bambina, cammina per una terra arida e abbandonata, con radi cespugli di un verdino quasi azzurro...
Cammina, cammina.
È scesa la notte. Alibech dorme il suo fitto sonno di bambina sotto un ciuffo di palme. Curiosi uccelletti svolazzano intorno.
È tornato giorno.
Alibech ha ripreso il suo cammino.
Cammina, cammina.
Ora intorno è proprio il deserto, rossastro, di rocce; con fessure e guglie; e grandi pianori ardenti.
Torna l'imbrunire, e in fondo al deserto, tra alcuni desolati cespugli, appare una capannuccia.
Alla capannuccia si fa sulla soglia un eremita.
Un profondo stupore si stampa sul viso dell'eremita alla vista della bambina.
Come essa gli si è avvicinata, muta e con gli occhi aperti su lui, interrogativi, timidi, e quasi selvatici, nella loro dedizione, le chiede:

70

PRIMO EREMITA: *Chi sei? Che cosa sei venuta a fare qui?*

ALIBECH (usando un linguaggio più grande di lei): *È stato il vostro Dio che mi ha dato questa ispirazione... Io voglio essere al suo servizio... Ma non so come fare e cerco qualcuno che me lo insegni!*

Il buon eremita la osserva: com'è bellina! Fresca, intatta, innocente. Come quel po' di fiera nudità sotto il suo vestito da bambina.
L'uomo istintivamente si copre gli occhi con le mani...
...come spaventato per quello che potrebbe succedere..
E si affretta a dire, distogliendo lo sguardo da lei e guardando a terra: '

PRIMO EREMITA: *Figliola, non molto lontano di qui è un sant'uomo, il quale è molto migliore di me, per quello che tu vai cercando... va da lui...*

Obbediente, Alibech riprende il suo cammino...
Ecco laggiù, una seconda capannuccia e grotticella. Il secondo Eremita è raccolto in preghiera...
Appare lontana la figuretta della fanciulla e l'eremita che è raccolto in preghiera, la guarda stupito.
Gli occhi dell'eremita — tentati dal diavolo — soppesano subito la sua innocente bellezza.

SECONDO EREMITA: *Chi sei bambina, e che cosa cerchi?*

ALIBECH: *Voglio servire Dio, col vostro aiuto...*

Comicamente, il secondo eremita le dice:

SECONDO EREMITA: *Aspetta...*

Si allontana, dietro la capannuccia, e caduto in ginocchio fa un discorsetto con Dio.

SECONDO EREMITA (rivolto al cielo): *Che faccio? Se la tengo qui, ho paura che il demonio m'inganni... La carne è debole, mio Signore!* (come ascoltando il consiglio del Signore e dichiarandosi d'accordo) *La caccio via, eh?*

Torna a lei.

... Vai, vai, bambina, non molto lontano da qui, in quella direzione, c'è un altro eremita, di nome Rustico, che è molto migliore di me.... Vai da lui... (sospira per quel che perde).

Obbediente e santamente passiva, Alibech riprende il cammino...

Dissolvenza.

Ibidem. Esterno. Giorno.

Ecco Rustico, che prega davanti alla sua capannuccia, e vede anche lui, laggiù, la figuretta di Alibech che si avvicina. Egli è molto più giovane degli altri due; è anzi quasi un ragazzo; dagli occhi puri, un po' smarriti ma nel tempo stesso induriti dalla decisione di servire a tutti i costi il Signore.

Ma come Alibech è su di lui, anche gli occhi innocenti di Rustico non possono fare a meno di notare la carne acerba della fanciulla che viene a lui, e non appena è vicina non aspetta che la interroghi.

ALIBECH: *Sono venuta a te, perché tu mi insegni a servire Dio...*

I dolci puri occhi di Rustico si smarriscono...

RUSTICO: *Aspetta:*

Si ritira dentro la sua capanna.

Capannuccia di Rustico. Interno. Giorno.

Entrato nella sua nuda capannuccia – con due pelli, una panca, un desco con poche radici, e una croce di legno, Rustico cade in ginocchio.

RUSTICO: *Signore, cosa devo fare? Cacciarla via perché il demonio non mi tenti?* (aspetta l'ispirazione divina) *No! La terrò qui con me, invece... E metterò a prova la mia forza, in tua gloria... resisterò alla tentazione...*

Esce dalla capanna...

Deserto. Esterno. Giorno.

Prende Alibech per mano.

RUSTICO: *Resterai qui con me... vieni, andiamo a prendere un po' di foglie, per farti il letto...*

Dissolvenza.

Capannuccia di Rustico. Interno. Notte.

È scesa la notte e Rustico e Alibech sono distesi sui loro lettucci di fronde di palma.
Alibech dorme il suo profondo e caldo sonno infantile, ma Rustico non riesce a chiudere occhio, e si gira e si rigira sospirando...
Cerca di pregare e lo fa con sincerità e purezza d'animo (mai un momento di volgarità c'è e ci sarà in lui): ma non riesce a pregare; guarda Alibech, sospira... Insomma il demonio lo sta vincendo...
Infine come non resistendo più si alza, si fa alla porta, esce fuori con la testa...

Deserto. Esterno. Alba.

È l'alba. Il sole sta nascendo già furente, illuminando di striscio il deserto.
Rustico si volta all'interno e chiama.

RUSTICO: *Alibech... Alibech... Svegliati, è giorno...*

E si va a inginocchiare sulla sabbia, rivolto verso il sole. Alibech, mezza insonnolita, ma piena di buona volontà, fa capolino dalla porta della capannuccia, e viene a inginocchiarsi vicino a Rustico.
Rustico ha un'ultima lotta con la propria coscienza; e rialza gli occhi sconfitto. Nei suoi occhi c'è una luce strana:

RUSTICO: *Per prima cosa, Alibech, devi sapere come il peggior nemico di Dio è il Demonio, e perciò... il miglior modo per servire Dio è ricacciare il diavolo all'inferno, là dove Dio lo ha condannato...*

ALIBECH: *E come si deve fare?*

RUSTICO: *Lo saprai subito... Fa come faccio io...*

E comincia a spogliarsi di quei pochi vestimenti che ha,
rimanendo tutto ignudo; e la stessa cosa fa la fanciulla.
Così tutto ignudo, Rustico si rimette in ginocchio; e fa
mettere in ginocchio davanti a sé Alibech. E stanno così
in silenzio come pregando...
Ma ecco che si ha «la resurrezione della carne»; Rustico
è in erezione, in tutta la purezza e la semplicità della sua
casta giovinezza.
Alibech lo guarda stupita.

ALIBECH: *Quella cosa che io vedo, che cos'è, che si spinge così
in fuori, e io non ce l'ho?*

RUSTICO: *Eh, figliola mia... questo è il diavolo di cui ti parla-
vo... E tu lo vedi, adesso... Egli mi dà grande dolore, tanto che
appena lo posso sopportare...*

ALIBECH: *Lodato sia Iddio, che io sto meglio di te, perché io
non ce l'ho questo diavolo...*

RUSTICO: *Hai ragione, ma tu hai un'altra cosa che io non ho;
e ce l'hai in vece di questo.*

ALIBECH: *E che cosa?*

RUSTICO: *Tu hai l'inferno, e io credo proprio che Dio ti abbia
mandata qui per la salute della mia anima. Nel caso che tu abbia
tanta pietà da sopportare che io lo rimetta nell'inferno, tu darai
a me una grandissima consolazione e farai a Dio un grandissimo
piacere — se è per questo che hai voluto venire qui...*

ALIBECH: *Oh, padre mio, dato che io ho l'inferno, fate pure
come voi credete meglio...*

RUSTICO: *Figliola mia, tu sia benedetta! Andiamo, rimettia-
molo all'inferno, in modo poi che mi lasci in pace...*

Prende Alibech per la mano e la conduce dentro la capanna.

Capanna di Rustico. Interno. Alba.

Rustico fa distendere Alibech nel suo lettuccio di fronde di palma e le insegna come «incarcerare» quel maledetto da Dio.
Alibech soffre e si lamenta, ma con coraggio.

ALIBECH: *Ah, certo, padre mio, deve essere ben malvagio, questo diavolo... e veramente nemico di Dio... se anche all'inferno duole, quando vi viene ricacciato...*

RUSTICO: *Figliola, non sarà sempre così...*

Dissolvenza.

Ibidem. Interno. Giorno.

Il sole è già alto, e invade la capannuccia di un lieto chiarore.

ALIBECH: *È ormai giorno fatto, padre mio, e per sei volte avete già ricacciato il diavolo all'inferno...*

RUSTICO: *E lo dovremo fare fin che gli avremo cacciata la superbia dal capo, ed egli se ne starà in pace...*

Ricaccia il diavolo nell'inferno e ormai Alibech...

ALIBECH (abbracciandolo infantilmente mentre Rustico la possiede): *Ben vedo che dicevano la verità quegli uomini nella mia città... Certo io non ricordo di aver mai fatto nessun'altra cosa che mi desse tanta gioia e piacere come rimettere il diavolo all'inferno... Oh, sì, chiunque pensa ad altro che a servire Dio, è una vera bestia...*

E continuano il loro semplice amore...

Deserto. Esterno. Giorno.

Rustico è raccolto in preghiera da una parte; Alibech dall'altra. Ma Alibech è distratta; guarda continuamente dalla parte di Rustico come se volesse dirgli qualcosa e non osasse. Finalmente si avvicina a lui, e candidamente gli dice:

ALIBECH: *Io sono venuta qui per servire Dio... non per restare ozioza... Andiamo a rimettere il diavolo nell'inferno...*

Rustico la guarda, non sa se sorridere a lei o se spaventarsi davanti a Dio; ma la prende per mano, e la riconduce dentro la capanna.

Capanna di Rustico. Interno. Giorno.

Rustico e Alibech entrano; stanno ben poco a denudarsi; e il diavolo alza superbo il capo.
Alibech lo guarda, e poi guarda Rustico, con fraterno amore, distendendosi sotto di lui.

ALIBECH: *Io non so perché, Rustico, il diavolo fugga dall'inferno: perché se egli ci stesse così volentieri come l'inferno lo riceve e se lo tiene, egli non uscirebbe mai...*

Dissolvenza.

Ibidem. Interno. Notte.

I due sono distesi ognuno sul suo lettuccio, come riposandosi dopo tanto amore, durato tutto il giorno (è già scesa l'ombra della sera).
Alibech guarda il diavolo di Rustico, che è a capo chino.

ALIBECH: *Rustico, continuiamo a servire Dio.*

Rustico è sfinito: i suoi occhi si posano sulle radici e sul po' d'acqua fresca di cui soltanto si nutre.

RUSTICO: *Vedi, Alibech, non dobbiamo costringere il Diavolo a rimetterlo all'inferno, se non quando alza il capo per superbia. E noi, per grazia di Dio, l'abbiamo già ingannato, che egli ormai non vuole altro che starsene in pace...*

Alibech è infantilmente delusa; e un'ombra cade sui suoi occhi candidi.

ALIBECH: *Rustico, se il tuo diavolo è castigato, e non ti dà più noia, a me il mio inferno non mi lascia stare... Perciò io*

*credo che tu faresti bene a calmare la rabbia del mio inferno,
come io col mio inferno ti ho aiutato a togliere la superbia dal
tuo diavolo.*

Ma il diavolo se ne sta lì mogio mogio.

Città di Capsa. Esterno. Giorno.

Il palazzo reale della città di Capsa è in fiamme; un enorme
rogo, tra le vecchie case medioevali a tre quattro piani,
di fango rosa.
Davanti c'è una folla. Tra questa folla c'è, a cavallo, un
giovane selvaggio, dall'aria di principe predone, barbari-
camente elegante – che guarda coi suoi occhi ardenti l'incendio.
Accanto a lui c'è un vecchio saggio, nel suo manto bianco.

VECCHIO SAGGIO: *Ora che il Re di questa città è morto nel-
l'incendio del palazzo con tutti i suoi figli, il regno toccherebbe
a te, se tu sposassi la sua figlia più piccola, fuggita nel deserto...*

L'incendio avvampa e il giovane principe Neerbal guarda
in enigmatico silenzio.

Deserto. Esterno. Giorno.

Una torma di cavalieri, bianchi, verdi, azzurri, rossi, corre
sulla sabbia del deserto, lasciando dietro di sé una nube fu-
riosa.
A lungo corrono per il deserto; eccoli laggiù che si fermano
alla capannuccia di un eremita e Neerbal si china su di
lui chiedendogli qualcosa, e l'eremita indica giù in dentro
verso il deserto.
La masnada riprende la corsa furente, e si perde nel polverone. Poco più in là, presso la capannuccia di un altro
eremita si ripete la stessa scena.
Ed ecco che come uno stormo di coloriti falchi, coi loro
burnus sventolanti, i predoni giungono alla capannuccia
di Rustico; Neerbal afferra la bambina recalcitrante, se la

mette davanti a sé sul cavallo, fugge via inseguito da suoi, nella polvere rutilante;

Rustico resta solo col suo Dio: e una lacrima è nel suo occhio puro.

Palazzo città di Capsa. Interno. Giorno.

Neerbal, con addosso una semplice tunica, che scopre la sua bellezza virile, sguainata come una spada, guarda attraverso una finestra interna, sorridente, avido, verso il gineceo.

Laggiù c'è la piccola Alibech tra le donne: si sentono vagamente le loro chiacchiere (un musico suona lontano una melopea).

DONNA: *Allora dicci, Alibech, come hai servito Dio nel deserto?*

Alibech è triste, c'è ancora una lacrimuccia nel suo occhio candido.

ALIBECH: *Servivo Dio rimettendo il diavolo nell'inferno... E Neerbal ha fatto un gran peccato a portarmi via dal servizio di Dio...*

SECONDA DONNA (stupita): *E come si rimette il Diavolo in Inferno?*

ALIBECH: *Io che ho l'inferno mi mettevo così...*

E, togliendosi ingenuamente la tunicuccia, si mette nella posizione in cui la metteva Rustico per possederla...

ALIBECH: *E Rustico che aveva il Diavolo si metteva così sopra di me e ricacciava il Diavolo nell'Inferno...*

Le donne, tra imbarazzate e irresistibilmente divertite, si mettono a ridere, a ridere, e tra le risate una le dice:

TERZA DONNA: *Ah, ah, ah! Non ti dar malinconia, figliola, che questa cosa si fa bene anche qua. Neerbal servirà come si deve con te Domineddio!*

Neerbal è là che ride canagliamente; e rifatto dal riso quasi ragazzino.

78

I racconti di Canterbury

ALBERTO GRIMALDI presenta
un film di Pier Paolo Pasolini

I RACCONTI DI CANTERBURY
dai *Canterbury Tales* di G. Chaucer

Primo premio «Orso d'oro»
Festival di Berlino 1972

_____

con

HUGH GRIFFITH
LAURA BETTI
NINETTO DAVOLI
FRANCO CITTI
JOSEPHINE CHAPLIN
ALAN WEBB
PIER PAOLO PASOLINI
I.P. VAN DYNE
VERNON DORTCHEFF
ADRIAN STREET
O.T.
DEREK DEADMIN
NICHOLAS SMITH
GEORGE DATCH
DAN THOMAS
MICHAEL BALFOUR

JENNY RUNACRE
PETER CAIN
DANIELE BUCKLER
JOHN FRANCIS LANE
SETTIMO CASTAGNA
ATHOL COATS
JUDY STEWART MURRAY
TOM BAKER
OSCAR FOCHETTI
WILLOUNGHBY GODDARD
PETER STEPHENS
GIUSEPPE ARRIGO
ELISABETTA GENOVESE
GORDON KING
PATRICK DUFFETT
EAMANN HOWELL
ALBERT KING

EILEEN KING	JOHN MCLAREN
HEATHER JOHNSON	EDWARD MONTHEITH KERVIN
ROBIN ASQUITH	FRANCA SCIUTTO
MARTIN WHELAR	VITTORIO FANFONI

Aiuti regia	SERGIO CITTI
	UMBERTO ANGELUCCI
Assistente alla regia	PETER SHEPARD
Segretaria edizione	BEATRICE BANFI
Assistenti al montaggio	ANITA CACCIOLATI
	UGO DE ROSSI
Ufficio Stampa	STUDIO LONGARDI
Ispettore di produzione	ENNIO ONORATI
Segretaria di produzione	FRANCA TASSO
Coordinatori produzione inglese	ADRIANO MAGISTRETTI
	ANTHONY MOORE
Operatore alla macchina	CARLO TAFANI
Aiuto operatore	MAURIZIO LUCCHINI
Fotografo di scena	MIMMO CATTARINICH
Mixage	GIANNI D'AMICO
Aiuto scenografo	CARLO AGATI
Aiuto costumista	VANNI CASTELLANI
Arredatore	KENNETH MUYGLESTON
Truccatore	OTELLO SISI
Parrucchiere	GIANCARLO DE LEONARDIS
Fonico	PRIMIMIANO MURATORE
Capo macchinista	AUGUSTO DIAMANTI
Capo elettricista	ALBERTO RIDOLFI
Rumori e effetti speciali	LUCIANO AURELLOTTI

Una produzione
P.E.A. - Produzioni Europee Associate s.a.s., Roma
Copyright MCMLXXI by P.E.A.

La Produzione ringrazia per la gentile collaborazione
The DEAN CANTERBURY CATHEDRAL - Canterbury

The Dean Wells Cathedral - Wells
The National Trust For Places of Historic Interest or
National Beauty
The Department of the Environment
The British Actors Equity Association
The Wiltshine Historic Building Trust

e le città di

CANTERBURY   LAVER MARNEY
CAMBRIDGE   LAVENHAM
BATH   WARWICH
St. OSSYTH   WELLS
                    CHIPPING CAMPDEN

Edizione ENZO OCONE

Musiche a cura dell'autore con la collaborazione del
M. ENNIO MORRICONE
e delle case discografiche   TOPIC RECORDS
                                    CINEFONICO PALATINO
                                    CAEDMON RECORDS

Sincronizzazione eseguita nello Studio   PHILIPS

Costumi eseguiti dalla Sartoria FARANI

Direttore della produzione ALESSANDRO VON NORMANN

Costumi DANILO DONATI

Scenografia DANTE FERRETTI

Montaggio NINO BARAGLI

Direttore della fotografia: TONINO DELLI COLLI
Technicolor

Prodotto da ALBERTO GRIMALDI

Scritto e diretto da PIER PAOLO PASOLINI

Prologo.

Mercato. Esterno. Giorno.

Tra la folla variopinta di un mercato del XIII secolo la macchina da presa inquadra i pellegrini che si accingono ad andare al duomo di Canterbury.

INDULGENZIERE (canta): *Fenesta che lucive a mo' nun luce segn'è ca nenna mia stace malata. S'affaccia la sorella e me lo dice Nennella toia è morta sotterrata! Chiagneva sempre ca durmeva sola. Mo' dorme cu' la muorte accumpagnata!*

CACCIATORE DI STREGHE: (accompagna il canto fischiettando).

Su una pedana il mugnaio sta affrontando un avversario nella lotta. Finalmente il mugnaio lo atterra. Il pubblico applaude. Al mugnaio spetta il premio della tenzone, un capretto.

Porta della città. Esterno. Giorno.

Sulla porta della città Chaucer e il cuoco fanno complimenti per entrare.

CHAUCER: *Forza! Accomodatevi!*

CUOCO: *Prego, signor Chaucer!*

CHAUCER: *Su, andiamo! Coraggio! Vi prego.*

CUOCO: *Dopo di voi...* (cedendo il passo) *Prego... Ma no, signor Chaucer, ci mancherebbe... Dopo di voi...*

Tanto fanno che quando entrambi si decidono a passare si scontrano sull'entrata.

CHAUCER: *Ah!*

CUOCO: *Ahi!* (umilmente) *Non è niente, signore...*

CHAUCER (adirato): *Niente un cavolo! Mi avete fatto male* (si massaggia il naso) *da farmi vedere le stelle... Avete una mazza voi al posto del naso!* (accorgendosi di stare esagerando) *Scherzo, scherzo. Spero di non avervi offeso. Ho veramente scherzato!*

CUOCO (filosoficamente): *Eh, però, tra scherzi e giochi, grandi verità si possono dire!*

Finalmente rappacificati entrano per il portone di città.

Mercato. Esterno. Giorno.

Una comare dalla lingua lunga sta tenendo concione:

DONNA DI BATH: ... *magari sono un po' tonda, non lo posso negare, ma non me ne dispiace affatto... E poi sono così pratica nel tessere stoffa da vincere in abilità tutte quelle troie di Ypres e di Gand. Eh! In tutta la parrocchia, e lo dico senza presunzione, cazzo!... Oh!... Pardon! Insomma, non ce n'è una nel tirar l'elemosina, sempre modestia a parte, eh!... E se qualcuna dovesse arrischiarsi a mettersi con me, io le faccio rimpiangere il giorno ch'è venuta al mondo, io a quella coccona me la mangio viva... Mmmhh!* (canticchia) *Tre volte sono andata a Gerusalemme / poi sono andata a Roma / sono andata a San Giacomo di Campostella / poi in Galizia e anche a Colonia... Ah, va be', non sono esattamente quella che si dice... una ragazzina, ma in compagnia, io so ridere e quello che più conta, so far ridere, se non vi dispiace. E poi ne conosco di tutte le specie sui rimedi d'amore, bei giovanotti, per dirvela tutta quanta in confidenza* (ride). *Perchè, miei tesori, dell'amore io lo conosco bene l'antico ballo... tico ballo... tico ballo... ticche... ticche* (civetta sfacciatamente con i giovanotti che passano).

In un angolo del mercato l'indulgenziere ha sciorinato la sua mercanzia.

INDULGENZIERE: *Signori! Ecco per voi delle indulgenze, che porto calde calde da Roma... Qui c'è un pezzo del velo della Vergine... E questo è un lembo della vela usata da San Pietro quando andava per mare, prima che Cristo lo prendesse con sé e gli mostrasse come si fa a camminare sulle acque...* (ma i suoi appelli sembrano cadere nel vuoto; nessuno si ferma a guardare la mercanzia) *Radix malorum est cupiditas... la cupidigia è la radice di tutti i mali. Non siate cupidi, comprate, comprate, comprate...*

Locanda. Interno. Giorno.

I pellegrini stanno rifocillandosi. La comare sta ancora parlando a macchinetta.

DONNA DI BATH: *Non c'è nessun passo del Vangelo dove sia comandata la verginità! E poi ditemi: a che scopo furono creati gli organi genitali? Non certo per lasciarli lì a dormire, no? Chi vuole cerchi pure di dimostrare che sono stati fatti solo per pisciare. Per me servono per una cosa e per l'altra. E se no perché sarebbe scritto nei testi sacri che l'uomo ha da pagare il suo debito alla moglie, eh? Con che cosa pagherebbe questo debito, se non adoperasse quel suo bravo strumento...*

Entra l'oste, che si fa spazio tra la gente e chiede silenzio.

OSTE: *Signori, vi prego, fate attenzione. Un po' di silenzio, signori, per favore...*

VOCI DI AVVENTORI (fuori campo): *Silenzio, signori. Fatelo parlare.*

OSTE: *Miei gentili signori, siate voi qui benvenuti veramente di gran cuore, credetemi, perché vi posso giurare che in tutti questi anni non ho visto una brigata più lieta di questa...* (Mentre l'oste continua a parlare, la macchina da presa inquadra i singoli pellegrini) *Voi vi dirigete a Canterbury; ebbene, Dio vi protegga e il santo martire benedetto vi meriti! Però, secondo la mia esperienza, che è tanta, io so che durante il lungo viaggio vi potreste spaventosamente annoiare. Perciò, vi darei un consiglio da amico. Per andare più allegro, ciascuno di voi, sulla via di Canterbury racconti una novella: io sarò il giudice e anche la vostra guida, venendo con voi, a mie spese, fino alla meta di Canterbury. Siete tutti d'accordo?*

Racconto del mercante.

Palazzo di Gennaio. Interno. Giorno.

Gennaio, un vecchio signore patrizio, si sta rivolgendo ai familiari.

GENNAIO: *Ehi... Ascoltate! Ho deciso di prendere moglie! Non c'è altra vita che valga un fagiuolo! Me ne sono convinto: il matrimonio è il paradiso! L'uomo deve prendere da vecchio una donna giovane e bella, per avere da lei un erede e passare la vita in sano godimento!... Già, tutti i dotti sono concordi nell'affermare questo, signori! Solo pochi non sono d'accordo, e tra questi Teofrasto. Ma che importa se a Teofrasto fa piacere di dire bugie? E perciò, io vi prego di combinarmi un matrimonio, alla svelta, ché non voglio aspettare! Ma vi avverto di una cosa, amici carissimi, io non voglio in nessun modo una donna vecchia, perché secondo me, ci vuole pesce vecchio e carne giovane! Ah, ah, ah!* (Anche tutti i presenti ridono) *Una donna di trent'anni non la voglio! È tutta gamba di fava e paglia! Ah, ah, ah! Una donna che è stata a molte scuole, è un mezzo dotto, e i dotti a me non mi piacciono! Ah, ah, ah!* (tutti ridono).

•

Palazzo di Gennaio. Esterno. Giorno.

La via di fronte al palazzo è piena di fanciulle e ragazze intente ai lavori domestici di fronte alle loro modeste casupole. Esce Gennaio, che a veder tutto quel ben di Dio, esce in una sequela di esclamazioni.

GENNAIO: *Ah, quante belle figurine! Quanti bei visetti! Mamma mia, mamma mia! Che bel vicinato mi ha concesso il Signore! Non c'è che da scegliere... Hey!* (la sua attenzione è attratta da una ragazza che sta badando ad alcuni bambini) *Perché no Maggio?* (ride) *Maggio!... Uhm, no! no!... no... no.. Meglio no...* (in quel mentre, una bambina solleva scherzando la gonna di Maggio inginocchiata, mettendo in mostra un sedere bianchissimo e sodo, che eccita Gennaio) *Però... Sì...Oh...* (Rientra precipitosamente in casa).

Palazzo di Gennaio. Interno. Giorno.

GENNAIO (rivolto ai familiari): *Hey! Fratelli!.. Fratelli, venite, venite presto!* (tutti accorrono) *Non c'è più bisogno amici,* che andate in giro a piedi o a cavallo... Ho preso la mia decisione e non tornerò più indietro! Ho trovato chi sarà la mia compagna, (ride) *il sicuro fondamento della mia felicità!*... Ho scelto Maggio!... Avanti, fratelli, stendete il contratto per queste nozze, pubblicate il bando... Il mio cuore ha bisogno di pace!*

Palazzo di Gennaio. Interno. Giorno.

È la festa di nozze. Nell'ampio salone i convitati mangiano rumorosamente. Su di un palco bene in vista Gennaio e Maggio, agghindati a nozze, ricevono i complimenti di tutti. Placebo e Giustino, fratelli di Gennaio, salgono sul palco.

PLACEBO (rivolgendosi a Gennaio): *Ehi, ehi, ehi.*

GENNAIO: *Fratello mio!* (facendo la voce dispiaciuta) *Nel mio cuore ho una profonda pietà al pensiero che dovrò farle del male stanotte... Ho paura che non regga ai miei assalti! Oh!...* (con tono di speranza) *Ma Dio non permetterà che io metta in opera tutto il mio vigore!... E vorrei che questa gente se ne fosse andata, accidenti!*

GIUSTINO (capisce al volo e si rivolge alla folla e battendo le mani): *Basta mangiare... Adesso passiamo alle danze!*

Tra i commensali intenti ad abbuffarsi un ragazzone guarda con languore Maggio. Anche Maggio lo osserva fissamente e impallidisce.

Camera da letto nuziale. Interno. Notte.

Il prete sta benedicendo il talamo, prima che Maggio e Gennaio si corichino.

PRETE: *Oremus. Qui custodiat, foveat, porteat, visitat atque defendat omnes habitantes in hoc habitaculo. Per Christum Dominum nostrum. Amen.*

GENNAIO (impaziente): *Dai... Dai... Fate presto, padre. Andiamo. Alla svelta!*

PRETE (benedicendo il talamo): *Oremus, Benedice, Domine,*

thalamum hunc: ut omnes habitantes in eo in tua pace consistant et in tua voluntate permaneant et senescant, et ad regna coelorum perveniant. Per Christum Dominum nostrum. Amen.

GENNAIO (salendo sul talamo con Maggio, si rivolge ai presenti con maniera sgarbata): *Via!... Via tutti!... Andate via!... Via, fuori! Sciò!...* (tutti escono e finalmente gli sposi restano soli).

GENNAIO (avvicinandosi alla moglie, con una faccia da satiro): *Ahimé, ora io devo abusare di te, sposina mia, e farti soffrire prima che venga il momento... Ma tu devi pensare che non esiste artigiano in questo mondo che possa fare il suo lavoro presto e bene...* (le solleva lentamente la camicia da notte e la lascia tutta nuda) *Ma non importa quanto dura il nostro trastullo...* (Maggio non pare impressionata: sbadiglia) *...abbiamo tutto il tempo che vogliamo... Sì, sì, sposina mia, noi abbiamo la legge di Dio e degli uomini dalla nostra parte.*

MAGGIO (sbadiglia ancora, aspettando l'«assalto»).

GENNAIO (con decisione): *Io sono pronto!* (la copre) *Ah!...* (si dimena finché trionfante urla) *Ce l'ho fatta!*

Palazzo di Gennaio. Esterno. Notte.

Fuori, nella notte, il giovanotto che alla festa aveva guardato con occhi innamorati la bella Maggio, osserva sconsolato la finestra della camera degli sposi che brilla in alto nel buio.

Camera da letto. Interno. Notte.

Dopo avere deflorato la moglie, Gennaio, euforico, si mette a sedere sul letto, cantando a voce spiegata. Poi scende dal letto, fa il matto, strillando e gracchiando. Dio solo sa cosa pensa in cuor suo Maggio, vedendolo saltellare attorno in camicia, vecchio e grinzoso com'è.

GENNAIO: *Oh! Oh!* (risale sul letto, intenzionato a proseguire la tenzone d'amore).

Camera di Damiano. Interno. Notte.

Lo spasimante di Maggio, Damiano, non riesce a prendere sonno. Il desiderio è tanto che non gli dà pace. Ora si alza, si avvicina allo scrittoio e scrive:

«Mia cara Maggio, io te amo con tuto il quore e se tu non fai lamore con me io muoio».

Camera da letto. Interno. Alba.

Gennaio sta ancora faticosamente cavalcando la moglie. Poi finalmente si accascia sfinito.

GENNAIO: *Oh! Meglio riposare: è giorno. Io sono un po' stanco. È la seconda volta, sai?*

Soddisfatto, si volta sul fianco, ma prima allunga la mano e accarezza, in segno di possesso, il ventre della moglie. Maggio, per nulla soddisfatta, gli fa un muso.

Giardino. Esterno. Giorno.

Panoramica del giardino del palazzo di Gennaio. Si ode uno zufolare, e la macchina inquadra tra le foglie un fauno che suona. Tra gli alberi avanzano Plutone, il re delle fate, e la regina Proserpina. Si ode la voce di Gennaio.

GENNAIO (f.c.): *Vedrai, piccioncino mio, che meraviglia... che meraviglia! Nemmeno chi scrisse il «Romanzo della Rosa» sarebbe capace di descrivere la bellezza di questo mio giardino!* (ride) *È tornata l'estate, e questo giardino sarà d'ora in poi il solo luogo dove io* (la macchina li inquadra mentre avanzano nel giardino) *soddisferò con te i miei obblighi di marito,* (ridacchia avidamente). *In questo giardino solo io posso entrare e non permetto a nessuno di tenerne la chiave! A nessuno! Solo io capisci? E la porto sempre con me!*

Mentre Maggio e Gennaio avanzano tra il verde, in fondo li attendono ridendo il re e la regina delle fate. Quando i due arrivano sotto un albero, Gennaio si toglie il mantello e lo stende per terra.

GENNAIO: *Ah, Maggio! Su, spogliati, vieni vicino a me!* (l'aiuta a sdraiarsi per terra).

Camera da letto. Interno. Notte.

Gennaio sta dormendo della grossa. Non appena Maggio ode russare il marito, si leva dal letto e silenziosa va verso lo scrittoio. Siede e scrive:

«Caro Damiano, anchio ti amo con tuto il quore. Io farò fare la chiave del giardino che ci potremo fare lamore».

Palazzo di Gennaio. Esterno. Giorno.

Damiano passeggia col sorriso sulle labbra sotto le finestre della sua bella.

Palazzo di Gennaio. Interno. Giorno.

Nelle sale risuonano le urla disperate di Gennaio. Tutti accorrono in grande agitazione.

Camera da letto. Interno. Giorno.

Tutti si fanno appresso a Gennaio, seduto sul letto, disperato. Con le mani si copre gli occhi.

GENNAIO: *Aiuto! Aiutatemi! Non ci vedo più! I miei occhi sono ciechi! Io sono cieco, imbecilli!*

VOCE: *Un dottore, presto! Un dottore!*

GENNAIO: *Avete capito? Sono cieco!... Maggio, aiutami sono cieco...* (scende dal letto, cerca a tentoni Maggio, ma goffo com'è, sbatte il capo contro una colonna) *Ah!... Maggio dove sei?* (piange) *Ah! Maggio, Maggio, dove sei?* (muovendosi sempre a tentoni la cerca. Ora l'ha raggiunta, la tocca, la riconosce) *Ah! Ecco, sei qui! Dove scappi? Dove vuoi scappare?* (l'afferra saldamente per un polso) *Ormai ti tengo! Non ti vedo, ma non ti lascio più!* (sulla bocca ha un ghigno maligno).

Salone. Interno. Giorno.

Durante il pranzo, Gennaio, ormai cieco, siede sul palco

accanto a Maggio che tiene sempre per il polso. Tra i convitati c'è anche Damiano, che guarda la sposa vogliosamente. D'un tratto Gennaio si alza, senza lasciar andare Maggio.

GENNAIO: *Via tutti! Via tutti! Non voglio vedere nessuno! Lasciateci soli, me e la mia Maggio! Fuori! Fuori tutti, ho detto! Andate via! Andate via! Fuori! Fuori dai piedi. Via! Andate via! Tutti! Via tutti! Tutti!*

Mentre i presenti escono, Damiano getta uno sguardo d'intesa a Maggio.

Giardino. Esterno. Giorno.

Sulla porta compaiono Gennaio e Maggio, che lo guida.

GENNAIO: *Conducimi nel mio bel giardino. Ah, il mio giardino che io non rivedrò più* (sospira)

Coll'aiuto di Maggio, Gennaio trova la toppa della serratura e apre. Ma dentro, tra la vegetazione, è già nascosto Damiano. In fondo, lungo il viale, il re e la regina delle fate guardano entrare Maggio con Gennaio.

PLUTONE: *Ecco cosa succede al povero Gennaio... Ma non tutto andrà per il suo verso perché io, proprio nel momento in cui sua moglie starà per disonorarlo, gli guarirò gli occhi, così lui vedrà l'adulterio...*

PROSERPINA: *Certo, se lo vuoi tu puoi farlo. Ma se tu darai la vista al vecchio, io darò la parola a lei...*

PLUTONE: *Non devi arrabbiarti con me... cedo le armi. Ma io sono un re e lo sai che non posso mancare alla mia parola.*

PROSERPINA: *E tu sai bene che io sono una regina e anch'io manterrò la mia parola! Questo lo dico soltanto perché tu non sia arrabbiato con me.*

Nel frattempo Maggio ha condotto Gennaio sotto l'albero, in un angolo appartato del giardino, dove l'attende, nascosto tra i rami, Damiano.

GENNAIO: *È qui? Ci siamo, amore?*

MAGGIO: *Sì, sì.*

GENNAIO: *Su, su, distenditi sull'erba, mogliettina mia dolce* (toccandola, voglioso) *corpicino mio più delizioso del vino, occhi di colomba.*

MAGGIO (interrompendolo): *Ah, la mia pancia! Oh, mi è venuta tanta voglia di mangiare quelle more che stanno lassù!*

GENNAIO (dispiaciuto): *Oh! Cielo! Mogliettina incinta mia, che non ho qui un ragazzo che si arrampichi! E io sono vecchio e cieco!*

MAGGIO (decisa): *Non importa.*

GENNAIO: *Come?*

MAGGIO: *Su, mettetevi qui!* (lo fa inginocchiare ai piedi dell'albero e gli sale in groppa, raggiungendo così Damiano tra i rami, che subito l'abbraccia, la bacia...).

GENNAIO: *Eh? Fa piano, cara... Mi raccomando... Attenta a non farti male... Sì, sì, così, brava!* (sull'albero Damiano le ha sollevato la gonna e la sta palpando dappertutto) *Che io ti aiuterei anche a prezzo del mio sangue... Eh! Eh!... Sono ben mature quelle more? Eh, eh, mangia, bambina mia, mangia a volontà!*

In quel mentre Plutone fa un gesto, come promesso, e ridà la vista a Gennaio.

GENNAIO: *Eh... I miei occhi! Io ci vedo!* (solleva lo sguardo e vede là moglie conciata in quel modo fra le braccia di Damiano) *Eh?!... Aiuto! Ohi, ohi, ohi, che cosa stai facendo, puttana!* (Sconvolto si strofina gli occhi e Damiano ne approfitta per darsela a gambe).

MAGGIO (sull'albero è tutta un sorriso): *Voi ci vedete, ci vedete! Siete stato miracolato! Un miracolo, fatemi scendere! Un miracolo, un miracolo!* (scende a terra, battendo le mani dalla gioia. Lo bacia, lo abbraccia) *Oh, come sono felice!*

GENNAIO (allontanandola da sé): *Ma io t'ho visto fare le porcherie con un uomo! T'ho vista con i miei occhi sopra quest'albero!*

MAGGIO (impaurita): *Oh, Dio! Voi vaneggiate! Prima di tornarvi la vista vi ha dato un barlume delle cose...*

GENNAIO (insistendo): *...sopra quest'albero... quest'albero...*

MAGGIO: *...e la vostra gelosia vi ha fatto vedere fantasmi.*

GENNAIO (un po' indeciso): *...quest'albero...*

MAGGIO: *Oh, marito mio, vi è tornata la vista, ringraziate il Signore per il miracolo!*

GENNAIO (finalmente convinto): *Eh... eh... ma sì, mogliettina mia, dimentichiamo tutto quanto. Andiamo, vita mia, e se ho pensato malamente, Dio mi perdoni!* (la bacia conciliante) *Ah! Sei ancora più bella di come ti ricordavo, mia dolce dolce Maggio. Vieni.* (la prende per mano, sorridendo).

Racconto del frate.

Vicolo. Esterno. Notte.

Dalla finestra uno Sconosciuto sta guardando dentro una casa.

Casa. Interno. Notte.

Con l'occhio affisso nel foro di una tenda, la Spia sta guardando all'interno di una camera. Ora si alza, se ne va spedito, come chi ha trovato quello che cercava.
Dalla finestra entra lo Sconosciuto, che guarda pure lui dal foro della tenda.

Camera. Interno. Notte.

Attraverso il foro si intravedono due corpi nudi allacciati sul letto, travolti dalla passione più sfrenata.

Casa. Interno. Notte.

Lo Sconosciuto, dopo aver guardato, si allontana rapidamente, all'inseguimento della Spia.

Vicolo. Esterno. Notte.

La Spia cammina lesto, inseguito dallo Sconosciuto. Ora il primo si è nuovamente fermato di fronte ad una porta. Sbircia attraverso una fessura. Si allontana di nuovo.
Anche lo Sconosciuto si ferma davanti alla porta e guarda dentro. Attraverso lo squarcio del legno intravede un'altra coppia in amore.

Chiostro. Interno. Giorno.

Passa una fila di suore, seguita devotamente dallo Sconosciuto. Senza dare nell'occhio passa di fronte ad un crocchio di religiosi, svolta rapidamente dietro una colonna, ma subito dopo il suo capo ricompare in osservazione. Sta aspettando qualcosa. Ed ecco che al crocchio di frati si avvicina la Spia.

SPIA (con modi untuosi): *Ehi, sentite un momento... Maria Vergine! Dietro il mercato, giù per la via del Pesce... no... no nel mercato vecchio, quello nuovo in fondo alla via del Pesce... proprio in fondo, ne ho trovati due...*

Vicolo. Esterno. Giorno.

Dalla fessura dell'uscio, lo Sconosciuto osserva cosa succede nella casa del 2° lussurioso, dove hanno fatto irruzione le guardie.

Casa del lussurioso. Interno. Giorno.

CACCIATORE DI STREGHE: *Amico, per tua moglie io ti cancellerò dal nostro libro nero. E tu tranquillizzati, non tremare così: stavolta ti è andata bene. Ti sono amico e voglio aiutarti. Quanto hai detto che mi puoi dare?*

2° LUSSURIOSO (in fretta): *Trecento, quattrocento, tutto... Ecco!... Basta che non mi denunci del peccato di lussuria, per amor di Dio!*

Casa. Interno. Giorno.

Dalla tenda sdrucita lo Sconosciuto guarda cosa succede nella camera del 1° lussurioso, invasa dalle guardie.

Camera. Interno. Giorno.

CACCIATORE DI STREGHE (al lussurioso, impaurito): *Dunque tu affermi per il corpo di Dio di non aver neanche un soldo ch'é un soldo da darmi...*

1° LUSSURIOSO: *È la verità, signor mio, è la verità, ve lo giuro...*

CACCIATORE DI STREGHE: *Amico! Io lo faccio per il tuo bene!*

1° LUSSURIOSO (piagnucolando): *Ma io sono povero, signore... Abbiate pietà di me...*

CACCIATORE DI STREGHE (seccamente): *Pietà ormai devi chiederla al giudice. Sei fritto, amico!*

A sentire una tale sentenza l'altro sviene.

Piazza. Esterno. Giorno.

Sulla piazza è eretto il palco per l'esecuzione del lussurioso. Sui palchi i notabili della città. Attorno alabardieri, frati, religiosi e popolino. Tra la folla lo Sconosciuto si aggira vendendo frittelle, ma la sua attenzione è tutta presa dalle procedure d'esecuzione.

SCONOSCIUTO: *Frittelle... Frittelle... Frittelle... Frittelle...*

Entrano nella piazza uomini con fascine e con torce e preparano il rogo. Poi, trascinato da due guardie, entra il lussurioso urlando e scalciando. Le guardie lo legano al palo. Entrano di corsa il confessore e la spia.

CONFESSORE: *Un momento... un momento... arriviamo...*

Il confessore si affianca accanto alla pira dell'esecuzione, mentre si avvicina una guardia con la torcia e appicca il fuoco. L'esecuzione si compie. Un fumo nero vela alla vista di tutti il corpo attorto dalle fiamme del condannato. Tutti sfollano, anche lo Sconosciuto, che abbiamo visto muoversi da un luogo all'altro, quasi a cercar sempre la migliore prospettiva. L'arcidiacono si avvicina al cacciatore di streghe.

ARCIDIACONO: *Bravo, mio caro amico, vi state facendo onore. Ho nuovi incarichi da darvi...*

Campagna. Esterno. Giorno.

Il Cacciatore di Streghe si sta allontanando a cavallo per compiere nuovi incarichi. In distanza lo Sconosciuto, anch'egli a cavallo, lo osserva. Poi affretta la corsa e gli si fa dappresso.

CACCIATORE DI STREGHE: *Salute, signore, e buon incontro!*

SCONOSCIUTO: *Benvenuto, e buona compagnia! Devi andare lontano?*

CACCIATORE DI STREGHE: *No, no, qua vicino, per incassare una pigione per conto del mio padrone...*

SCONOSCIUTO: *Ah! Sei un fattore!*

CACCIATORE DI STREGHE (mentendo): *Sì.*

SCONOSCIUTO: *Anch'io. Però sono forestiero: non conosco nessuno da queste parti. Perciò ti prego di essermi amico e fratello...*

CACCIATORE DI STREGHE: *Senz'altro! Parola d'onore!*

SCONOSCIUTO: *Dammi la mano! Giuriamo di essere fratelli... fino alla morte...*

CACCIATORE DI STREGHE: *Lo giuro! Fratello, dov'è il tuo distretto, se un giorno ci dovessi venire e avessi bisogno di te?*

SCONOSCIUTO (con fare misterioso): *È lontano, in terra di tramontana... Ma io spero di vederti là, e abbastanza presto...*

Campagna. Esterno. Giorno.

I due cavalieri stanno facendo sosta sotto un albero.

CACCIATORE DI STREGHE: *Bene, fratello, poiché siamo fattori tutti e due, perché non mi insegni qualche astuzia del mestiere, per guadagnare di più? Ma non preoccuparti di coscienza o peccato! Parlami proprio come da fratello a fratello...*

SCONOSCIUTO: *Sta tranquillo! La mia paga è poca, e io mi devo arrangiare... Perciò vivo di estorsioni e di ricatti...*

CACCIATORE DI STREGHE: *E così faccio anch'io! Non fosse per le mie estorsioni e i miei ricatti, non potrei campare. Io non conosco né pietà né coscienza!... Per Dio, noi due siamo proprio fatti per stare insieme. Ma ora, fratello, dimmi: qual è il tuo nome?*

SCONOSCIUTO (sempre più misterioso): *Fratello, vuoi proprio che te lo dica? Io sono un diavolo e la mia dimora è l'inferno! Me ne vado in giro per guadagnarmi la vita, come fai tu. Pur di guadagnare tu non curi il modo: e così anch'io... Perciò ti voglio esser compagno, fino al momento in cui tu mi abbandonerai...*

CACCIATORE DI STREGHE (con aria di sfida): *Anche se tu sei il diavolo, io manterrò il patto fra noi. E poi, tutti e due andiamo in cerca di guadagno, no? Potremmo anche spartirci ciò che guadagnamo. Io prendendo la mia parte e tu la tua. Vale a dire: tu avrai tutto ciò che gli uomini vorranno donarti...*

SCONOSCIUTO: *Perfettamente d'accordo. Tu prenderai la tua parte, e io invece mi prenderò tutto ciò che gli uomini vorranno donarmi...*

Mulino. Esterno. Giorno.

I due, sempre cavalcando, giungono nei pressi di un mulino, sperduto in mezzo alla campagna.

CACCIATORE DI STREGHE: *Fratello, qui abita una vecchia che preferirebbe farsi tirare il collo che sborsare un centesimo, e io voglio levarle dodici denari, invece, sotto pena di citarla davanti al nostro tribunale. Eppure Dio sa che di lei io non conosco il più piccolo vizio... Guarda, guarda come si fa, tu che sei nuovo di queste parti. E impara!*

I due scendono da cavallo, mentre sull'uscio compare una vecchia, con una brocca in mano, a salutare il cacciatore di streghe.

VECCHIA: *Dio vi salvi, signore. Quali sono i vostri riveriti comandi?*

CACCIATORE DI STREGHE: *Ho qui una citazione: sotto pena di scomunica devi trovarti domani davanti al signor Arcidiacono per rispondere al tribunale... di certe cose... Sono sicuro che tu mi hai capito, vero?* (abbassando il tono di voce) *Dammi dodici denari e ti faccio assolvere.*

VECCHIA (disperata): *Dodici denari? E dove li vado a prendere? In nome della vergine Santa! Vi giuro che non ho mai visto né posseduto in vita mia dodici denari! Abbiate compassione, signore, di questa povera vecchia...*

CACCIATORE DI STREGHE: *Pagami! O ti porto via la brocca per risarcirmi del debito che tu hai fatto con me quando hai messo le corna al tuo povero marito, e ti pagai la cauzione al Tribunale!*

VECCHIA: *Mentite! Io non sono mai stata citata da nessun tribunale... Io non sono stata mai disonesta del mio corpo! Piuttosto dò al diavolo il tuo corpo e anche la mia brocca!*

SCONOSCIUTO (intervenendo cerimoniosamente): *Amabile signora e cara madre, tu le hai dette davvero... seriamente queste parole?*

VECCHIA (infuriata): *Sì! Che il diavolo se lo porti via vivo, con la brocca e tutto, a meno che non si penta!*

CACCIATORE DI STREGHE (spavaldo): *Pentirmi? No, vecchia strega, non ci sperare! Non ho nessuna intenzione di pentirmi per tutto ciò che ti porterò via! Qualunque cosa accada...*

Egli ha appena finito di dire queste parole che lo sconosciuto gli batte una mano sulla spalla allusivamente, poi si avvicina alla vecchia e prende la brocca, mentre il cielo sembra abbuiarsi.

Ritorna presso il cacciatore di streghe, gli circonda le spalle con un braccio e lo guida via, dicendo:

SCONOSCIUTO: *Fratello, non te la prendere! Questa brocca e il tuo corpo sono miei di diritto. Tu verrai questa notte stessa con me giù all'inferno, dove apprenderai dei nostri segreti più che un maestro di teologia...*

Locanda. Interno. Notte.

I pellegrini diretti a Canterbury sostano per la notte. Chaucer li osserva incuriosito. Al lume di un lucignolo scrive su una pergamena: *«Appunti per un libro sui racconti dei pellegrini verso Canterbury. Racconto del cuoco».*

Racconto del cuoco.

Taverna. Interno. Giorno.

Un giovane è scaraventato dall'oste in mezzo al locale.

OSTE: *Fuori! Fuori! Via di qua, brutto lazzarone! Quella li è la porta! Hai finito di campare a ufo! Va via! E non farti più vedere, capito? Bastardo che non sei altro! Fila! Fuori!*

In mezzo a questi improperi il giovane, che si chiama Perkin, si rialza. Porta una bombetta e un bastoncino alla Charlot. Esce, ma prima di varcare la soglia, si volta verso i presenti e saluta cerimoniosamente.

Vicolo. Esterno. Giorno.

Perkin osserva un uomo con in braccio una bambina. L'uomo ha appena acquistato una frittella che la bambina sta per addentare golosamente, ma Perkin si avvicina e mentre l'altro non se ne avvede, incuriosisce la bambina con delle smorfie, dà un morso alla frittella, poi un altro, un altro... La bambina ride.
Ma due guardie hanno visto tutta quella cerimonia e si avvicinano minacciose. Quando Perkin se ne accorge, con

un urlo di sgomento schizza via dietro l'angolo.

Le guardie lo inseguono, ma nella foga non si avvedono che la strada in discesa finisce dritta nel fiume. Perkin ha tempo di scansarsi, ma le guardie precipitano fragorosamente nell'acqua.

Convento. Esterno. Giorno.

Una fila di mendicanti attende con la ciotola in mano la refezione sulla porta del convento. Anche Perkin è in fila, ma con un ciotolone che è quasi più grande di lui. Il frate che distribuisce la minestra, come lo scorge, ordina:

FRATE: *Fermo là!*

Gli strappa il ciotolone di mano, imponendogli di sostituirlo con uno di misura più tradizionale.

Ora è il turno di Perkin, che, appena vede la ciotola piena, la trangugia di un sol colpo e la ripresenta con aria innocente per una seconda razione. Ma il frate non aspetta altro: si rimbocca le maniche e lo affronta. Vista la mala parata, Perkin scappa via, inseguito dal frate.

FRATE: *Te la faccio vedere io, brutto lazzarone!*

Ma pure questa volta la strada finisce in discesa e il frate, preso dalla foga, finisce dritto dritto nell'acqua.

Vicolo. Esterno. Giorno.

Con gran festa, sta passando un corteo nuziale. Perkin sfacciatamente si aggrega agli invitati.

Casa. Interno. Giorno.

Nella sala è in corso il pranzo di nozze. Tutti ballano, ridono, scherzano, ma la sposa dà segni evidenti di annoiarsi. Entra Perkin che, travolto dal vortice delle danze, fa un clamoroso cascatone di fronte a tutti. La sposa nel vederlo ride di cuore. Perkin si rialza, la guarda, le manda un bacio sulla punta delle dita.

Il padre dello sposo, nel vedere quelle smancerie, picchia imbestialito un pugno sul tavolo, ma Perkin non se ne cura.

Si avvicina al tavolo e invita la sposa a ballare. E questa, che sembra non aspettasse altro, si leva il velo e scende in pista, mentre allo sposo non resta che farsi consolare dal babbo.

Ora i servitori portano la torta nuziale, alta più di mezzo metro.

I presenti applaudono, ma Perkin, tutto preso dalle danze, la urta inavvertitamente e la torta precipita in faccia allo sposo.

A vedere un tale scempio, il padre dello sposo non regge più: afferra Perkin per il bavero e lo scaraventa definitivamente fuori dalla porta.

Casa Perkin. Interno. Giorno.

Dopo una giornata così movimentata, Perkin rientra a casa, dove il padre lo accoglie ad improperi.

PADRE DI PERKIN: *Sei stato licenziato, vero? Tu sei la sciagura e la rovina, della tua famiglia! Sono certo che tua madre mi ha messo le corna con un italiano!* (la madre fa segno disperatamente di no) *Fila subito a dormire senza cena, brutto lazzarone!*

Camera di Perkin. Interno. Notte.

Entra la madre, portando qualcosa da mangiare al figlio.

MADRE DI PERKIN: *Mangia, figlio mio! Ma non farti vedere da papà. Mi raccomando però, domani vatti a cercare un nuovo lavoro! Promettilo a nome del Signore!*

PERKIN (giudizioso): *Sì, sì, domani lavorerò!*

Mercato. Interno. Giorno.

Perkin, pieno di speranza, si aggira per il mercato cercando un lavoro. Si rivolge a un pollivendolo.

PERKIN: *Buongiorno, Maestro. Avete un lavoro da darmi?*

PADRONE: *Bè, sì. Avevo giusto bisogno di un garzone. Voglio metterti alla prova. Lustra bene le uova.* (Perkin si mette volenterosamente al lavoro) *Lustra... Lustra... E stai attento... Bene... Bene... Ehi, cosa hai fatto?*

Innavertitamente Perkin ha urtato col bastoncino un paniere di uova che si è rovesciato a terra.

PERKIN: *No, non è niente!* (Raccoglie le uova da terra. Neanche una si è rotta. Ride contento).

PADRONE (meravigliato): *Ma come è possibile? È un vero miracolo. Voglio proprio vedere...* (a sua volta prende il cesto delle uova e lo lascia cadere a terra, ma questa volta neanche una se ne salva).

PERKIN: *Che peccato!*

PADRONE (più stupito che arrabbiato): *Porca l'oca, che frittata!*

Si avvicina ora una comare prosperosa, che fa un cenno d'intesa al padrone.

PADRONE (a Perkin): *Io devo allontanarmi un momento...*

PERKIN: *Va bene, va bene, maestro.*

PADRONE: *Tu resta qui a lavorare e pensa a servire i clienti.*

PERKIN: *Bene.*

Il padrone esce, lasciando Perkin solo, a badare alla bottega. In un angolo del mercato alcuni giovanotti stanno giocando a dadi. Uno di essi si rivolge a Perkin.

PERKIN (si guarda attorno, il padrone non c'è): *Allora... allora... entro anch'io nel vostro gioco? Sì?... Sì?... Sì?... Eh?* (i giocatori fanno cenno di sì) *Bene!*

GIOCATORE: *Okey!*

Perkin prende i dadi e li getta, ma in quella spunta alle sue spalle il padrone.

PADRONE (gli dà un calcio, urlando): *Brutto lazzarone, sei licenziato! Meglio gettar via subito la mela marcia, prima che marciscano le altre!*

PERKIN (conciliante): *Avete ragione...*

Prende il cappello e il bastoncino, si guarda attorno, rovescia un paniere di uova e scappa via a quattro gambe, vanamente inseguito dal pollivendolo.

Vicolo. Esterno. Notte.

Perkin, in compagnia di Bill, uno dei giocatori di dadi, sta cercando un luogo da dormire. La strada è piena di puttane, in attesa di clienti, che Perkin educatamente saluta una per una.
Ora i due si fermano davanti ad una battona.

BILL: *Ehilà! Perkin, ti presento la mia signora!*

PERKIN: *Buonasera!* (ride).

BILL: *Fa la puttana.*

Perkin si abbandona ad un canto a squarciagola.

Camera da letto. Interno. Notte.

In un enorme letto matrimoniale, Mary la puttana dorme tra Bill e Perkin. Perkin sogna...

... Camera. Interno. Giorno.

Perkin sogna un'intera orchestra di donne nude, e una fila di ballerine nude e lui, tutto agghindato, che balla con tutte. Poi le ballerine gli si fanno sempre più vicine, lo accarezzano.

Camera da letto. Interno. Giorno.

Nella stanza irrompono due guardie. I tre si svegliano di soprassalto.

GUARDIA: *Perkin detto il Festaiolo. In nome della legge ti dichiariamo in arresto. Seguici al carcere di Londra in attesa di processo!*

Piazza. Esterno. Giorno.

Perkin è alla gogna. Ma nonostante la difficile situazione

in cui si trova, non ha perso affatto il suo buonumore. Canta a gola spiegata.

Casa di Chaucer. Interno. Giorno.

Chaucer sta leggendo il «Decameron». Ride di cuore. Si siede allo scrittoio, ma l'idea non gli viene. Pian piano si appisola, ma un urlo lo fa trasalire.

MOGLIE DI CHAUCER: *Geoffry Chaucer!*

CHAUCER: *Sì, sì, moglie mia.*

Si butta freneticamente a scrivere.

Racconto del Mugnaio.

Casa del legnaiolo. Interno. Giorno.

Nella camera dove sta a pensione, lo studente Nicola sta recitando le preghiere del mattino.

NICOLA: *Da virtutis meritum, da salutis exitum, da perenne gaudium...*

Da fuori sale la voce del legnaiolo che si accinge a partire.

LEGNAIOLO (f.c.): *Ehi, Robin! Andiamo, sbrigati!*

Nicola si affaccia.

Corte. Esterno. Giorno.

Il legnaiolo, caricato il cavallo, parte.

Camera di Nicola. Interno. Giorno.

A quella vista Nicola abbandona le preghiere ed esce a spron battuto.

Cucina. Interno. Giorno.

Irrompe a gran carriera il giovane. La moglie del legnaiuolo, una giovane ragazza di diciott'anni, è davanti ai fornelli.

Nicola l'abbraccia focosamente.

NICOLA: *Alison, Alison, se non posso fare quello che voglio, la passione che ho di te mi farà morire! Amore, amami anche tu, amami fin da questo momento, se no io morirò!*

ALISON (difendendosi dagli abbracci calorosi del giovane): *Ah! Calmati! Fermo! Ti prego, lasciami! Lasciami! Non fare il matto! Fermo! Fermo!* (L'altro, incurante delle parole di lei, le alza le sottane) *No, no, non ci sto! Lasciami andare, lasciami andare, Nicola, o mi metterò a strillare!* (Finalmente riesce a respingerlo) *Ah! E per cortesia, non mettermi più le mani addosso.*

NICOLA (implorante): *Alison, Alison, Alison, amore mio caro, io non desidero soltanto il tuo corpo, ma sono innamorato di te con tutta la mia anima... Non ti lascerò più, sarò il tuo servo, il tuo schiavo, ma almeno voglimi un po' di bene!*

ALISON: *Va bene. Se è proprio così come tu mi prometti...*

NICOLA: *Lo prometto, lo giuro!*

ALISON: *Mio marito è così geloso che se tu non stai bene in guardia e mantieni il segreto, puoi considerarmi già morta! Bisogna che tu sia molto prudente.*

NICOLA: *Allora fa come ti dico: portami in un cesto da mangiare per tre giorni, che io me ne starò chiuso in camera mia! E poi fa quello che ti dirò, esattamente. E non ti preoccupare. Uno studente avrebbe speso male il suo tempo, se non potesse fregare un legnaiolo...*

Il desiderio nel frattempo lo ha ripreso. Le salta nuovamente addosso, tastandola dappertutto.

NICOLA: *Ancora una volta... Preparami uova, carne, verdura, frutta, roba da mangiare per tre giorni.* (la lascia). *Ciao.* (esce).
Camera di Nicola. Interno. Giorno.

Nicola rientra, visibilmente eccitato. Si tiene una mano fra le gambe. Riprende le preghiere mattutine.

NICOLA: *Flecte quod est rigidum/ ...ah... ah.../ Da perenne gau-*

dium... Amen.

Camera di Assalonne. Interno. Giorno.

Anche Assalonne è innamorato di Alison. Ora è in camera, sdraiato sul letto, che ascolta Martin suonare. Poi si alza.

ASSALONNE: *È ora di andare, Martin.*

Indossa un giustacuore di raso. Si rimira.

ASSALONNE: *Sono bello? Eh?*

Martin gli porge una specchiera, ridendo.

ASSALONNE (mormorando tra sé): *Alison, amore mio.*

Strada. Esterno. Giorno.

Martin e Assalonne passano davanti alla bottega del battiferro.

ASSALONNE: *Ehi, Mastro Gervaso, sempre al lavoro, eh?*

MASTRO GERVASO: *Eh, quando avevo la tua età anche a me piaceva dare incenso a tutte le mogli della parrocchia!*

Casa del legnaiolo. Esterno. Sera.

Martin e Assalonne arrivano sotto la casa per far la serenata alla bella Alison.

MARTIN: *Dai, Assalonne, attacca!*

ASSALONNE E MARTIN (cantando): *We know by the moon*
that we are not too soon
and we know by the sky
that we are not too high.
We know by the star
that we are not too far.
And we know by the ground
that we are within sound.
Oh, doddee do doddee doddee do
doddee doddee di
Sing the dale

sing the daddy
sing to will I know.

Camera da letto del legnaiuolo. Interno. Notte.

A letto il legnaiuolo e la moglie ascoltano quel canto.

LEGNAIUOLO: *Ehi, Alison! Lo senti Assalonne che canta sotto il muro di casa nostra?*

ALISON: *Sì, Giovanni, lo sento così bene che non perdo una nota.*

LEGNAIUOLO: *È quel mezzo cascamorto che fa il sacrestano, e non pensa altro che ad azzimarsi e a fare gli occhi dolci alle femmine.*

ALISON: *È proprio lui.*

LEGNAIUOLO: *Pare che sia assai riguardoso nel parlare... e assai schizzinoso nei peti!... Bah!*

ALISON: *Su, dormite, marito, che sarete stanco per il vostro lungo viaggio a Osney...*

LEGNAIUOLO: *Ma sentilo, Assalonne! Gorgheggia come un usignolo!* (lo imita). *Doddee doddee do doddee doddee do doddee doddee di...*

Casa del legnaiuolo. Esterno. Giorno.

Il legnaiuolo sta guardando con apprensione la finestra della camera di Nicola, ermeticamente chiusa.

LEGNAIUOLO (chiama): *Alison, sei certa che non hai visto lo studente in tutto il giorno?*

ALISON (affacciandosi): *Oh, sì, sono certa, sono certa... Ho mandato anche Gille a chiamarlo davanti alla sua porta, ma non ha risposto.*

LEGNAIUOLO (rivolto al garzone): *Vieni, Robin! Andiamo su a vedere.*

Corridoio di fronte alla camera di Nicola. Interno. Giorno.

Attraverso le fessure della porta il legnaiuolo e Robin

stanno scrutando dentro la camera di Nicola, e lo vedono inginocchiato, in raccoglimento, gli occhi e le mani rivolti al cielo.

Spaventato il legnaiuolo si fa precipitosamente il segno della croce.

LEGNAIUOLO: *Oh! Aiutaci, santa Friedswide!*

ROBIN (a bassa voce): *Sembra fatto di pietra!*

LEGNAIUOLO: *Certo, per san Tommaso! Mi dispiace per il nostro caro Nicola...* (deciso) *Entrerò dentro. E sta pur tranquillo che egli lascerà le sue meditazioni... Te lo garantisco io!*

Si prepara ad entrare.

LEGNAIUOLO (con tono educatissimo): *È permesso?... Posso?...* (entra).

Camera di Nicola. Interno. Giorno.

Il legnaiuolo si avvicina apprensivo a Nicola.

LEGNAIUOLO: *Ehi, Nicola, che cosa ti succede? Guarda un po' giù e pensa a Nostro Signore!* (lo scuote, ma l'altro non sembra darsene per inteso) *Ecco, ti faccio, il segno della croce, per difenderti dagli spiriti e dalle streghe* (comincia a fare segni di croce un po' dappertutto) *Gesù Cristo e San Benedetto, proteggete questo tetto... Gesù Cristo e San Benedetto, proteggete questo tetto.. Gesù Cristo e San Benedetto, proteggete questo tet...*

Non finisce la benedizione che Nicola si alza di scatto, alterato.

NICOLA (con voce spiritata): *Dunque! Tutto il mondo è destinato a scomparire!* (fa una pausa poi, riprende, più accalorato di prima) *Perché, Giovanni, io non dico bugie! Per mezzo della mia arte astrologica, ho scoperto che lunedì prossimo cadrà una pioggia così forte che il Diluvio di Noè non fu grande la metà di quella!* (alzando ancor più la voce) *Il mondo in meno di un'ora sarà sommerso e il genere umano vi annegherà e perderà la vita!*

LEGNAIUOLO (impaurito): *Povera moglie mia! Anche lei an-*

negherà? Oddio, anche la mia povera Alison! Ma non c'è rimedio a questa sventura?

NICOLA (con voce isterica): *Oh, sì che c'è per Dio!... Se agirai secondo i consigli che ti darò, ti garantisco che anche senza l'albero e la vela, io salverò lei, te e me.* (pausa) *Qui non c'è tempo di gingillarsi!* (il legnaiuolo, terrorizzato, piange) *Va subito a procurarti una madia o un tino — ne serve uno per ognuno di noi — e che sia grande abbastanza da galleggiarci come una barca, e avere il mangiare per un giorno... Che dopo un giorno l'acqua comincerà a calare e a ritirarsi... verso le nove di mattina. E manda via il tuo garzone Robin e la tua servetta Gille... Quando avrai trovato i tini, li dovrai appendere in alto, al soffitto, che nessuno se ne accorga!*

LEGNAIUOLO (debolmente): *Sì!*

NICOLA: *E col mangiare, metti anche una scure, per poter tagliare le corde quando verrà l'acqua! E noi saremo padroni del mondo, sani e salvi come Noè e sua moglie!*

LEGNAIUOLO: *Sì, sì!*

NICOLA: *Tu e tua moglie dovete stare ben separati, perché guai all'uomo che osi commettere peccato carnale in quella notte!*

LEGNAIUOLO: *Sì! sì!*

NICOLA: *Al lavoro, adesso, e che il Signore t'accompagni!*

Cucina. Interno. Notte.

Il legnaiuolo e la moglie seguono devotamente Nicola fino ai grossi tini appesi al soffitto. Tutti e tre recitano le preghiere.

NICOLA, LEGNAIUOLO, ALISON: *Flecte quod est rigidum / Fove quod est frigidum / Rege quod est devium / Amen. Alleluja.*

NICOLA (con decisione): *E adesso su! Saliamo a bordo!*

Ognuno dei tre entra in un tino e si raccoglie in preghiera, in attesa del diluvio.

NICOLA: *In nomine Patris, et Filii et Spiritus Sancti. Amen.*

E adesso basta. Zitti. Shhh!

LEGNAIUOLO: *Shhh!*

Ognuno si cala dentro il tino, scomparendo dalla vista.

Palazzo di città. Interno. Notte.

Nel palazzo di città è in corso una festa, alla quale partecipa Assalonne. Entra Martin e lo chiama.

MARTIN: *Assalonne! Assalonne! Assalonne! Vieni qui, muoviti!* (Assalonne si avvicina) *Senti... Dal legnaiuolo non c'è nessuno: lui è tutto il giorno che non si vede; i due servi li ha mandati a Londra. La tua pollastra è sola nel lettone!*

ASSALONNE: *Ah, sì? Allora ci vado di corsa!*

Escono entrambi in gran fretta.

Cucina. Interno. Notte.

Dentro il tino il legnaiuolo è caduto addormentato. Si sente il suo ronfare. Alison e Nicola non aspettano altro: mettono fuori la testa. La donna sorride, fa l'occhietto all'altro.

NICOLA: *Andiamo!*

Camera da letto. Interno. Notte.

Nicola entra spingendo avanti la donna. La trascina sul letto.

NICOLA: *Vieni qui. Lasciati spogliare.*

ALISON: *No. Faccio prima io. Voglio vederti, voglio vederti...*

NICOLA: *Voglio spogliarti prima io...*

ALISON: *Voglio vederti, voglio vederti... Dai, fammelo vedere, fammelo vedere, dai, dai, dai...*

Così dicendo, si spogliano a vicenda e quando sono tutti e due nudi, si baciano appassionatamente.

Vicolo. Esterno. Notte.

Martin e Assalonne stanno correndo verso la casa di

Alison.

MARTIN: *Beato te, Assalonne, che vai a farti una bella chiavata* (ride).

Come giungono alla casa, Assalonne comincia a chiamare.

ASSALONNE: *Ehi, sono Assalonne, Alison! Sono Assalonne! Alison! Alison! Che fai, bocca di miele! Mia dolce Alison! Alison, mio dolce fiore, mio vago uccellino! Svegliati, amore mio. Su, dimmi una parola. A te non importa niente del mio dolore e io che spasimo dietro a te come un agnellino dietro la poppa!*

Camera da letto. Interno. Notte.

Sul letto i due amanti, abbracciati, ascoltano quella sinfonia.

ALISON: *È Assalonne!* (ride) *Se sapessi quanti regali mi ha mandato per riuscire a convincermi!*

ASSALONNE (f.c.): *Alison! Alison! Non ti far pregare così!*

ALISON: *Vino dolce, idromele, birra profumata di spezie, frutta appena colta, ciambelle all'uva passa, cialde ben calde.* (ride) *E dato che io vengo di città, manda anche denari* (ride nuovamente).

ASSALONNE (f.c.): *Alison, Alison, amore mio! La mia sete d'amore è così grande ch'io gemo come una tortorella fedele!*

ALISON (a voce alta ad Assalonne): *Pazzo d'un Nanne, vattene via, è meglio, che io amo un altro uomo, migliore di te!*

Casa del legnaiuolo. Esterno. Notte.

ASSALONNE (con voce di circostanza): *Lo so, il vero amore è sventurato!... Ma se non posso sperare di più, dammi un bacio, un bacio soltanto!*

Camera da letto. Interno. Notte.

ALISON (che nel frattempo ha ideato una burla feroce): *Se*

to lo dò, andrai per la tua strada?

ASSALONNE (f.c.): *Sicuro, amore mio!*

ALISON: *Allora preparati, che vengo subito!*

ASSALONNE (f.c.): *Grazie, Alison, grazie...*

ALISON (a Nicola, sottovoce): *Tu stai zitto, e morirai dal ridere!*

Tutta nuda, Alison scende dal letto e si avvicina alla finestra.

ASSALONNE (f.c.): *Il bacio, Alison, il bacio... Il bacio che mi
hai promesso...*

ALISON (ad Assalonne): *Facciamo presto che non ci vedano
i vicini!* (comincia ad aprire la finestra).

Casa del legnaiuolo. Esterno. Notte.

ASSALONNE (sentendo armeggiare alla finestra, mormora tra
sé): *Ormai sono un signore. Dopo questo verrà anche qualche
altra cosa...*

Assalonne già si prepara a deporre un bacio infuocato su
quella pelle vellutata, ma nel buio della notte non s'avvede
che Alison, invece della guancia, sta sporgendo il sedere
e quando Assalonne s'avvicina per baciarlo, gli molla una
rumorosissima scoreggia sul grugno.
Assalonne sobbalza all'indietro, sputando, mentre Alison
chiude precipitosamente la finestra.

Camera da letto. Interno. Notte.

Alison corre, ridendo, tra le braccia dell'amato, anch'egli
in preda alle più matte risate.

Casa del legnaiuolo. Esterno. Notte.

Assalonne è fuori di sé dalla rabbia.

ASSALONNE: *Cosa hai fatto, Alison, cosa hai fatto!... Sì, però
questa me la paghi! Giuro, per San Tommaso, questa me la paghi!*

Corre via pieno di truci intenzioni.

Bottega del battiferro. Interno. Alba.

Mastro Gervaso è già al lavoro. Entra Assalonne.

ASSALONNE: *Ehi, mastro Gervaso!*

MASTRO GERVASO: *Ehi, Assalonne! Che succede?*

ASSALONNE: *Ma niente!*

MASTRO GERVASO: *Eh! Qualche bella ragazza ti ha fatto saltare già dal letto!*

ASSALONNE: *Caro amico, prestatemi quel ferro rovente, quello lì che è dentro il fuoco. Ve lo riporto qui subito!*

MASTRO GERVASO: *Ma come no! Prendilo, subito! Ma dì, che cosa te ne devi fare?*

ASSALONNE (afferrando il ferro con le pinze): *State tranquillo, ve lo dirò domani, Mastro Gervaso!* (esce).

Camera da letto. Interno. Notte.

I due amanti sentono nuovamente fuori dalla finestra la voce di Assalonne.

ASSALONNE (f.c.): *Alison, Alison, sono di nuovo io, il tuo Assalonne! Sono tornato per te, amore mio.*

ALISON: *Cosa vuoi?*

ASSALONNE: *Ti ho portato un anello d'oro, che io ebbi da mia madre, buon'anima. È una cosa bellissima. Se mi dai un altro bacio, te lo regalo!*

NICOLA (Ad Alison): *Non pensi che tocchi a me adesso?*

ALISON (ridendo): *Sì, sì!*

NICOLA: *Lascia fare a me!* (si avvia ridendo verso la finestra).

ASSALONNE (f.c.): *Alison, allora non vieni?... Soltanto un bacio Alison... ancora soltanto un bacio...*

Casa del legnaiuolo. Esterno. Notte.

ASSALONNE: *Parla, dolce uccellino, che capisco dove sei...*

Nel buio Nicola sporge il sedere e come quello gli si fa sotto, gli molla sul naso una sonorosissima scoreggia. Ma questa volta Assalonne, pronto:

ASSALONNE: *Ah, sei lì!*

Gli infila il ferro rovente proprio in mezzo alle chiappe.

Camera da letto. Interno. Notte.

Urlando per il dolore, Nicola schizza in mezzo alla camera.

NICOLA: *Ahhh! Acqua, acqua, per l'amor di Dio! Acqua, acqua!*

Esce a spron battuto, urlando a più non posso.

Cucina. Interno. Notte.

A quegli urli, il Legnaiuolo dentro il tino si sveglia di soprassalto.

LEGNAIUOLO: *Oddio, il diluvio di Noé, il diluvio di Noé!* (urla).

Prende l'accetta e taglia la corda che teneva legato il tino al soffitto, precipitando a terra con grande fragore.

Racconto della donna di Bath.

Camera da letto. Interno. Giorno.

La Donna di Bath e il marito stanno adempiendo i doveri del matrimonio. Lei, sdraiata sul letto, chiacchiera a più non posso; lui, di sopra, si sta dimenando faticosamente. La moglie lo incita.

DONNA DI BATH: *Forza, marito mio, forza. Lo sai come siamo fatte noi donne! Dobbiamo fare le nostre chiacchiere, perché siamo capricciose: e poi più ce lo negate; più lo vogliamo... Insomma, hai fatto?*

MARITO: *Sssst!*

DONNA DI BATH (seccata): *Zitta un corno! Insomma, io non posso mica stare ai tuoi comodi... Ecco... Mmmmmhhh... Sì, sì... Bello, bello... Mmmmhhh...*

Ma il marito non ce la fa più. Si accascia su un fianco con la faccia livida, mentre la moglie, insoddisfatta, lo aggredisce.

DONNA DI BATH: *E allora? ... Uff... Uffa!*

Seccata, scende dal letto, afferra i vestiti e sta per uscire.

MARITO (con un lamento): *Acqua.*

DONNA DI BATH (a voce alta): *Mary! Porta un po' d'acqua al signore!*

Strada. Esterno. Giorno.

La Donna di Bath passa sculettando davanti a un condannato alla gogna.

UOMO ALLA GOGNA: *Che bel culo!*

Casa di Lisotta. Interno. Giorno.

La Donna di Bath entra in casa di Lisotta. Chiama.

DONNA DI BATH: *Lisotta! Lisotta! Lisotta!*

E la vede guardare attraverso le fessure di una porta.

DONNA DI BATH: *Che c'è?*

Lisotta le fa cenno di avvicinarsi e lei si affretta a gettare un'occhiata, e vede...

Camera. Interno. Giorno.

... un robusto giovanottone, che sta a pensione da Lisotta, si sta lavando in un mastello. Ora è in piedi e mette in mostra tutto.

Anticamera. Interno. Giorno.

DONNA DI BATH (entusiasta): *Bello, bello, bello!*

Ma le due donne bisticciano per riprendere il posto d'osservazione. Si spingono.

DONNA DI BATH: *Va via, dai, brutta stronza!... Io... io...*

Camera. Interno. Giorno.

Nel frattempo il giovanotto si è già vestito e si accinge ad uscire.

Anticamera. Interno. Giorno.

Le due donne si affrettano a sedersi attorno a un tavolo, fingendo di conversare. E quando il giovanotto fa il suo ingresso nella camera...

LISOTTA (presentandolo alla Donna di Bath): *Mia cara comare, questo è Giannozzo, il mio nuovo pensionante. È uno studente di Oxford.*

GIANNOZZO: *Piacere!*

DONNA DI BATH: *Il piacere è tutto mio, s'intende! Mi pare di avervi già visto, in qualche parte, prima d'ora... chissà dove...* (Giannozzo si inchina ed esce). *Che bel pezzo di ragazzo! Anch'io però... tutti i miei mariti l'hanno detto: la mia cosuccia è la meglio che si possa trovare in tutta la città di Bath!*

LISOTTA: *Voi, però, comare, siete maritata, se non sbaglio!*

DONNA DI BATH: *Oh, modestia a parte! A me non mi si troverà mai senza piani di nozze, o d'altre cose del genere... Mai e mai! E se proprio vuoi saperlo, mi sembra anche scemo quel topo che abbia una sola buca dove rifugiarsi!*

LISOTTA: *Se ci tenete, io domani sono d'accordo con lui d'andare in processione...*

Camera da letto. Interno. Giorno.

Il marito della Donna di Bath è in agonia. La moglie entra piagnucolando. Un frate le fa cenno che il marito è agli sgoccioli.

116

DONNA DI BATH: *Ah, marito mio dolce, mio marito adorato, ma perché mi lasci... eh? ...eh?*

Il marito nel vederla, trova ancora la forza di sollevarsi, fa con le mani il gesto di fottere e mormora con odio:

MARITO: *Mai più... mai più...*

La moglie lancia un urlo di disperazione, mentre il marito, dopo quello sforzo, strabuzza gli occhi e crepa.

Prato. Esterno. Giorno.

È il giorno della processione. La folla adunata sul prato guarda bruciare un fantoccio, intrecciar farandole e altri balli. Le due comari, agghindate a festa, si aggirano tra la folla alla ricerca di Giannozzo. Non appena lo scorge, la donna di Bath pianta l'amica, corre a prenderselo per mano e lo porta via, in disparte.

DONNA DI BATH: *Giannozzo, andiamo.*

Quando sono soli, si siede e gli fa segno di sedersi anche lui accanto a lei: Giannozzo, senza por tempo in mezzo, le prende una mano e gliela sbatte sull'uccello, ma la donna non sembra affatto dispiaciuta. Anzi, mostrando una grande esperienza, gli slaccia la cintura, gli infila la mano direttamente dentro le brache e comincia a menarglielo, incominciando a parlare.

DONNA DI BATH: *Sono venuta qui per parlarti, Giannozzo!*

GIANNOZZO (assolutamente assente, perso dietro quanto gli sta succedendo tra le gambe): *Parla!*

DONNA DI BATH: *Tu Giannozzo mi hai fatto un incantesimo, è inutile che lo neghi!*

GIANNOZZO: *Ah?*

DONNA DI BATH: *Sì, tutta la notte ho sognato di te. Volevi uccidermi mentre stavo distesa a pancia in alto e il mio letto era coperto si sangue... Tu mi ha stregata e perciò dovrai sposarmi, Giannozzo!* (mentre dice questo, affretta i movimenti).

GIANNOZZO: *Sposarti?... Ma sono troppo giovane!*

DONNA DI BATH: *Uhm! Ma vedi, mio marito poveretto sta crepando e tutti sanno bene, quelli che se ne intendono, che il mio sogno è di buon augurio perchè «sangue» significa «oro»!*

Chiesa. Interno. Giorno.

Al funerale del marito la donna di Bath si presenta in gramaglie. Il prete recita le orazioni funebri.

PRETE: *Oremus. Absolve quaesumus, Domine, animam famuli tui ab omni vinculo delictorum ut in re-surrectionis gloria inter Sanctos et electos tuos resuscitatus respiret. Per Dominum nostrum Jesus Christum filium tuum, qui tecum vivit et regnat in unitate Spiritus Sancti Deus, per omnia saecula saeculorum. Amen. Requiem aeternam dona eis, Domine.*

Il prete dà ordine di chiudere il sepolcro.

DONNA DI BATH (rivolgendosi all'amica): *Lisotta, il cappellino!*

L'altra le porge il cappellino di colore chiaro.

DONNA DI BATH: *Presto... presto... Come sto?... Come sto?... Andiamo!*

Si affretta verso un'altra navata, dove la attende Giannozzo, parato a nozze. Sull'altare il prete dà l'avvio alla cerimonia di matrimonio.

PRETE: *Giannozzo, vis accipere hic praesentem in tuam legitimam uxorem juxta ritum Sanctae Matris Ecclesiae?*

GIANNOZZO: *Sì!*

PRETE: *Alice, vis accipere his praesentem in tuum legitimum maritum juxta ritum Sanctae Matris Ecclesiae?*

DONNA DI BATH: *Sì!*

Camera da letto. Interno. Notte.

Giannozzo è già a letto. Entra Alice con un pitale nuovo di zecca.

DONNA DI BATH: *Questo è per la pipì del mio caro, del mio adorato quinto marito!*

Lo pone a capo del letto, dove già stanno i pitali dei suoi precedenti quattro mariti.

La moglie ora si siede sul letto, in attesa, ma Giannozzo non si muove.

DONNA DI BATH (con voce seccata): *Giannozzo, non è che non dovrò pentirmi di averti donato tutte le proprietà e le rendite che mi sono state lasciate in eredità dai quattro prima di te...*

GIANNOZZO (scendendo dal letto e afferrando un libro da un tavolo): *In questo libro c'è tutto!*

DONNA DI BATH: *E che cosa sarebbe questo tutto che c'è in quel libro, per san Jodoca!*

GIANNOZZO: *C'è scritto come Simplicio Gallo lasciò la moglie e la lasciò per sempre, perché un giorno l'aveva scorta guardare fuori dalla porta...*

DONNA DI BATH: *Oh!*

GIANNOZZO: *Eva. Eva, che con la sua perversità tutti gli uomini ha tratto in miseria e Cristo sulla croce.*

DONNA DI BATH: *Oh, no!*

GIANNOZZO: *Santippe, poi. Santippe che versò il piscio sulla testa di Socrate: e quel sant'uomo si asciugò tranquillamente, limitandosi a dire: «Prima che cessi il tuono, viene giù la pioggia!».*

DONNA DI BATH (esplodendo): *Giannozzo! Io detesto la gente che mi sbatte in faccia i miei vizi, come credi di poter fare tu! Stronzo, vigliacco, porco!* (lo schiaffeggia, gli strappa il libro di mano).

Giannozzo gridando la respinge, mandandola per terra. La donna, che ha sbattuto la testa, rimane un poco stecchita sul pavimento. Appena riprende i sensi, comincia a lamentarsi:

DONNA DI BATH: *Oh, tu... Vigliacco, maiale, ipocrita! Mi hai uccisa per... goderti in santa pace, ah!, le mie terre e i miei soldi!*

Ma io ti perdono, Giannozzo mio, e prima di morire, vieni, vieni qua... Vorrei darti un bacio, per l'ultima volta... (la voce diventa sempre più flebile).

GIANNOZZO (disperato): *Dio mi maledica per quello che ho fatto! Perdonami, ti supplico! Cara...* (le si inginocchia accanto).

DONNA DI BATH: *Sì, ti perdono. Ti perdono.*

Il marito si appresta a darle un bacio. Ma non appena avvicina il viso, la donna con uno scatto improvviso gli morde ferocemente il naso.

GIANNOZZO (si rialza urlando): *Oh, il mio naso... il naso... Ah!*

Racconto del fattore.

Cella dell'Università di Cambridge. Interno. Giorno.

Il Rettore è a trovare l'economo dell'Università, gravemente infermo. Lo circondano gli studenti.

ECONOMO: *Ah... Sono desolato, signor Rettore, per la mia malattia che mi tiene sul mio letto come se fossi un neonato in fasce, ma ciò che più mi duole è che approfittando di questo il mugnaio ruberà crusca e farina cento volte più di prima.*

A queste parole due studenti si fanno avanti.

ALANO: *Signor Rettore...*

GIOVANNI: *Signor Rettore...*

RETTORE: *Eh?*

ALANO: *Visto che il nostro economo sta morendo* (dal letto l'economo trova ancora la forza di fare marameo) *o per lo meno pare che abbia i giorni contati... perchè non ci date il permesso di andare al mulino a veder macinare il grano?*

RETTORE: *Bene. Vorreste assumervi voi questo incarico, eh?*

GIOVANNI: *Ci mettiamo il collo che il mugnaio non riuscirà a rubare neanche un chilo di grano, né con l'inganno né con la forza!*

RETTORE (valutando la proposta): *Uhmmm... (poi, deciso) D'accordo, andate, signori studenti. Mi sembra l'unica soluzione, e che il Signore dal cielo vi protegga...*

Campagna. Esterno. Giorno.

I due studenti, a cavallo, sono in cammino verso il mulino.

ALANO: *Ah, come è bello andarsene a prendere il fresco, senza fare un cazzo!*

GIOVANNI: *E noi sempre chiusi in collegio! Guarda come è grande il mondo!*

ALANO: *Te la faresti una bella chiavata, adesso, eh Gianni?*

GIOVANNI: *Mmmmh, non dirmelo! Siamo peggio dei frati! Sempre col coso diritto!*

ALANO: *Ah, libertà, libertà!*

Ridono tutti e due.

Mulino. Esterno. Giorno.

Sulla porta del mulino li attende Simone, il mugnaio.

ALANO E GIOVANNI: *Ehi! Ehi! Simone! Salve! Salute, Simone!*

SIMONE: *Ehi!*

ALANO: *Salute, Simone! Come stai tu? E come va la tua bella figliola e tua moglie?* (guarda in alto: dalla finestra del cesso spuntano i culi della moglie e della figlia) *Eh... eh... mica male, mi sembra...* (i due culi si ritirano in fretta. Ora alla finestra compaiono le facce delle due donne).

MOGLIE DEL MUGNAIO: *Buongiorno...*

MUGNAIO (commentando a voce alta): *Oh... guarda che bella sorpresa! Due studenti invece dell'economo... Cosa siete venuti a fare da queste parti?*

GIOVANNI: *Il fatto è che il nostro economo credo sia morto, così siamo venuti noi due qui a macinare il nostro grano.*

MUGNAIO: *Ma voi due cosa farete mentre io lo macinerò?*

GIOVANNI: *Per Dio, io me ne starò presso la tramoggia... a vedere il grano che scende... Che, per il sangue di mio padre, non ho mai visto la tramoggia quando va su e giù!*

ALANO: *Tu farai così e io starò di sotto a vedere come la farina cade nel truogolo... Perché anche io sono un cattivo mugnaio, come Gianni...* (ride).

MUGNAIO: *E allora avanti, ragazzi, venite. Scaricate quel sacco e portatelo qui.*

GIOVANNI (scaricando il sacco da cavallo): *Porta su, e io guardo la farina!*

ALANO: *Chi lo porta il sacco?*

GIOVANNI: *Già, dammelo a me!* (si carica il sacco sulle spalle).

MUGNAIO: *Coraggio, ragazzi!* (ride) *Bel mestiere, ragazzi, quello del mugnaio, eh? Lavorate, lavorate, non fate complimenti!* (ride).

I due studenti salgono nel mulino fino in cima alla tramoggia.

ALANO (fischia): *Hey, capo, manda avanti le pale che noi siamo pronti! Dai!*

MUGNAIO (rivolgendosi alla figlia): *Si sono messi in testa che nessuno li possa fregare... Stanno freschi! Con tutta la loro filosofia, invece di fior di farina gli darò la crusca! La gente che studia non è sempre la più intelligente. Più vorranno fare i sapientoni e più li deruberò!*

Senza farsi notare, il mugnaio si avvicina al cavallo degli studenti, lo libera e lo caccia via, mentre dentro al mulino Alano e Giovanni fischiettano allegramente.

Mulino. Interno. Giorno.

La macinatura è quasi finita. Giovanni dall'alto finisce di buttar già il grano; Alano, dabbasso, riempie l'ultimo sacco.

MUGNAIO: *Bene! Ecco fatto, ragazzi! Abbiamo finito in un baleno!*

GIOVANNI: *Divertente la tramoggia!*

ALANO: *Interessante il funzionamento del truogolo!*

Si apprestano ad uscire.

Mulino. Esterno. Giorno.

Appena escono, si accorgono che qualcosa non va: il cavallo non c'è più.

GIOVANNI: *Mamma mia! È scomparso il cavallo, Alano! Il cavallo del nostro Rettore!*

ALANO: *Come mai? Da che parte è andato?*

MOGLIE DEL MUGNAIO: *Il vostro cavallo è andato verso la maremma, correndo a più non posso.*

GIOVANNI: *Corpo di Dio, non ce la farà! Maledetta bestia! Vieni!*

Il giovane si butta a correre a quattro zampe, seguito dall'amico.

ALANO: *Ma perché non l'hai messo nella capanna!... Accidenti!*

MUGNAIO (vedendoli allontanarsi, si rivolge alla moglie): *Portami la crusca che riempiamo metà del loro sacco. Non si fidavano di me, eh? Guarda come corrono. È giusto che si divertano un po'.*

Il mugnaio ride guardando gli studenti lanciati a spron battuto per la campagna, mentre ancora si ode la voce di uno di essi.

ALANO: *Fulmine!... Fulmine! Dove sei? Fulmine, lascia stare le cavalline! Fulmine!*

Mulino. Interno. Notte.

Attorno alla tavola, il mugnaio, la moglie e la figlia stanno per accingersi a cenare. Intonano un canto di ringraziamento, quando odono bussare.

MUGNAIO: *Avanti!*

ALANO (entrando): *Buona sera!*

GIOVANNI (id.): *Buona sera!*

MUGNAIO: *Ah! Ah! Siete stanchi e bagnati come due animali sotto la pioggia, povere anime!*

ALANO: *Il cavallo l'abbiamo ripreso, ma stanotte ci dovrete ospitare a casa vostra, Simone, per l'amor di Dio!*

GIOVANNI: *Per l'amor di Dio e del nostro denaro!*

MUGNAIO: *Sicuro! La mia casa è molto modesta e io vi ospiterò, se voi con la vostra scienza riuscirete a rendere larga una stanzetta così modesta!*

La moglie ridacchia, mentre gli studenti si siedono a tavola.

MUGNAIO: *Coraggio, bevete un goccio col vostro amico mugnaio!* (ride anche lui).

Mulino. Interno. Notte.

Nello stanzone il mugnaio e la moglie sono già a letto. Ai piedi sta la culla dell'ultimo nato. In un altro letto dorme la figlia, mentre in un letto di fortuna stanno un po' stretti i due studenti. Dopo aver detto le preghiere della sera, il mugnaio spegne il lucignolo. Passa poco tempo che già dorme della grossa. Ma non è così per i due studenti.

ALANO: *Dormi, Gianni? Dì, hai mai sentito in tutta la vita una musica come questa? Senti, senti che concerto! Il mugnaio sbuffa come un cavallo e non si occupa affatto se dietro c'ha la coda! E chi ha voglia di dormire stanotte?... Che mi venga un colpo secco se io non riesco a fare la festa a questa ragazza! Dopo tutto è una cosa a cui ho diritto, perché il grano ci è stato rubato e io voglio un compenso per la fregatura.*

GIOVANNI: *Sì, ma che scherzo è questo? E io? Tu ti rifai in qualche modo del danno con la figlia e io devo restare qui come un sacco di patate? E poi, in collegio, quando lo sapranno, solo io dovrò fare la figura del povero minchione?*

ALANO: *Arrangiati! Senti, guarda cosa ci ho!* (gli prende una mano e la infila sotto le coperte).

124

GIOVANNI (facendo lo stesso): *Perché io no?*

Alano deciso si alza dal letto e al buio si avvia verso il letto della ragazza. Nel tragitto sbatte con lo stinco contro la culla in mezzo alla stanza.

ALANO: *Ahi! Accidenti che botta!*

Superato l'ostacolo, s'infila finalmente nel letto della ragazza, l'afferra e la bacia appassionatamente. Si vede subito che con quella è sempre possibile mettersi d'accordo, e Giovanni indovina il buon esito della spedizione dai mugolii che ode e dai movimenti frenetici delle coperte.
Ma ora è la moglie del mugnaio che si sveglia.

MOGLIE DEL MUGNAIO: *Ohm, mi scappa la piscia, mi scappa la piscia, scoppio!* (scende dal letto e anche lei sbatte contro la culla) *Ahi! Porco cane, la culla.* (esce).

Giovanni, che ha avuto una idea, ne approfitta immediatamente per spostare la culla ai piedi del proprio letto, così quando la donna rientra, cerca al buio la culla per orientarsi dove andare a letto.

MOGLIE DEL MUGNAIO: *Dov'è la culla? Dov'è la culla? Ahi!... Accidenti! A momenti sbagliavo letto...* (finalmente s'infila nel letto dello studente, che crede quello del marito e Giovanni le balza subito addosso per farle la festa) *Oh, marito mio, era tanti anni che non facevi così! Che ti succede?* (ride compiaciuta dell'accaduto).

GIOVANNI (contraffacendo la voce): *Sta zitta e scopa!*

ALANO (nell'altro letto): *Tilde, Tilde, amore mio... fichettina mia dolce, fichettina mia d'oro...*

MOGLIE DEL MUGNAIO (sotto i colpi di Giovanni): *Bravo, marito mio! Bravo!*

L'unico che dorme è il mugnaio.

Mulino. Interno. Alba.

ALANO: *Addio, Tilde: è giorno e non posso più restare. Ma*

sappi che dovunque vada, mi chiamerò sempre il tuo studente!

TILDE: *Va e addio, mio caro amore! Ma prima che tu vada, voglio dirti una cosa...; quando dal mulino prenderai la strada del collegio, all'ingresso della porta di dietro, troverai una torta, fatta con la farina che mio padre vi ha rubato. Va e che Dio ti protegga, amore...*

Alano si alza e nel buio si dirige verso il letto di Giovanni ma, ingannato dalla disposizione della culla, si infila nel letto del mugnaio.

ALANO (battendo sulla spalla del mugnaio): *Ehi, Giovanni, dormiglione, svegliati! Sta a sentire come è andata: per tre volte me la sono fatta, la figlia del mugnaio, mentre tu, stronzo, hai avuto paura!*

MUGNAIO (improvvisamente desto): *Ah, maledetto sporcaccione, hai fatto questo, eh? Ah, traditore, schifoso d'uno studente, per la grandezza di Dio tu sei morto!* (in preda all'ira, lo afferra per il collo. Nella lotta precipitano entrambi per terra).

Al rumore della colluttazione, tutti si destano.

MOGLIE DEL MUGNAIO: *Quei due studenti! Traditori. Ci stanno ammazzando! Svegliati!*

GIOVANNI: *Alano, Alano, dove sei?*

ALANO: *Aiuto, aiuto, Gianni! Cosa succede... Mi ammazzano!*

Giovanni corre in aiuto dell'amico e insieme riescono a sbattere per terra il mugnaio, mentre Tilde, accorsa alla finestra, finalmente fa un po' di luce. La moglie, al vedere il marito a terra, gli corre vicino...

MOGLIE DEL MUGNAIO (lamentandosi). *Marito mio! Ah!*

...mentre i due studenti ne approfittano per rivestirsi e scappare di volata. Nel vederli uscire, Tilde saluta il suo amante di una notte:

TILDE: *Ciao amore, ciao amore.*

Mulino. Esterno. Alba.

Alano e Giovanni escono in gran fretta, afferrano la torta sulla porta di dietro e montano a cavallo, diretti verso il collegio.

ALANO (soddisfatto): *Gianni, questa è fatta con la nostra farina!*

Entrambi ridono, mentre Giovanni incita il cavallo.

ALANO E GIOVANNI (si allontanano cantando): *Flecte quod est rigidum, fove quod est frigidum, da perenne gaudium. Amen.*

Casa di Chaucer. Interno. Giorno.

Chaucer, allo scrittoio, sbadiglia. Non ha più idee. Sembra perduto dietro vani pensieri. Poi, improvvisamente, l'ispirazione. Intinge la penna nel calamaio e scrive di fretta.

Racconto dell'indulgenziere.

Taverna. Interno. Giorno.

La taverna è piena di avventori. Sul ballatoio in alto si aprono le camere delle puttane.

Camera 1ᵃ puttana. Interno. Giorno.

All'uomo sdraiato sul letto, la puttana sta accarezzando l'uccello, ma sembra con pochi risultati.

PUTTANA: *Uffa. Ma perché non te lo tagli?*

UOMO: *Stronza!*

Camera 2ᵃ puttana. Interno. Giorno.

Un giovanotto, seduto, invita la puttana ad accucciarglisi tra le gambe per prenderlo in bocca.

DICK: *Vieni qui, vieni qui.*

2ᵃ PUTTANA (ride).

DICK: *Su, dai vieni... Cagna!*

Camera 3ᵃ puttana. Interno. Giorno.

Rufo sta finendo di chiavare. Ha terminato. Si alza, prende i denari dai calzoni, li dà alla puttana. Poi chiede:

RUFO: *Facciamo la seconda?*

Camera 4ᵃ puttana. Interno. Giorno.

Un giovanotto, sdraiato sul letto, si sta facendo frustare sulle chiappe.

GIOVANOTTO: *Ehi! Un momento... aspetta...*

4ᵃ PUTTANA (fermandosi con la frusta alzata): *Dì, cosa c'è?*

GIOVANOTTO: *Dimmi che sei la mia regina.*

4ᵃ PUTTANA: *Sono la tua regina.* (e incomincia a picchiare).

Camera 5ᵃ puttana. Interno. Giorno.

Johnny la Grazia sta finendo anche lui di chiavare.

JOHNNY LA GRAZIA: *Amore mio, mia colombella. Fiorellino mio dolce...*

Si distacca.

Camera 3ᵃ puttana. Interno. Giorno.

Finito di fare la seconda, Rufo si alza dal letto e si riveste. Quando è pronto, esce.

Taverna. Interno. Giorno.

Sul ballatoio Rufo si rivolge strafottente agli avventori di sotto.

RUFO (a voce alta): *Eh... eh, ha proprio ragione San Paolo: Dio distruggerà il cibo del ventre e il ventre del cibo!*

VOCE (dal basso): *Ma va' a quel paese e lasciaci bere in pace. Va'!*

Il brusio della taverna indica che le parole di Rufo non hanno fatto colpo su nessuno. Allora Rufo manda un fischio lacerante.

RUFO: *Cuciniere, preparami due uova!*

Poi salta su una botte e comincia a pisciare in testa a quelli di sotto. Questa volta la manovra ha effetto. Una donna, inondata di piscio, urla.

RUFO (contento): *Ah! Ah! Tieni, prendi questo, donna mandata dal diavolo ad accendere il fuoco della lussuria e a soffiarvi dentro, con le tue sgualdrine!*

Le donne di sotto si rifugiano un po' più lontano.

VOCE (dal basso): *Ma perché non pisci altrove?*

RUFO (con tono acceso): *All'inferno! Nel fuoco eterno dell'inferno pagherete questo peccato! Ah, viziosa cosa è il vino, e l'ubriachezza è causa di sventure. Ah, ubriaconi, la vostra faccia è stravolta, il vostro fiato acre, siete schifosi da abbracciare! Vorreste fare tutti come Sansone. Ma Dio sa se Sansone bevve mai vino! Leggete la Bibbia, cretini!*

VOCE: *Ma lasciaci in pace, scemo!*

ALTRA VOCE: *Ehi, Rufo, va' a pisciare in testa alle tue puttane!*

RUFO (continuando a pisciare): *Ah... E adesso che vi ho predicato della crapula, voglio mettervi in guardia contro il gioco!*

VOCI: *E vattene! Vaffanculo!*

RUFO (senza darsene per inteso): *Il gioco è il padre della menzogna e dell'inganno, amici miei, il padre del maledetto turpiloquio e della più indegna bestemmia di Cristo! Uh! Principe che ha il vizio del gioco perde il suo prestigio di regnante! Imparatelo, ignoranti!*

Un cliente che esce da una camera delle puttane, nel passargli accanto gli molla un calcio in culo.

RUFO (rivoltandosi inviperito): *Stronzo!*

Strada. Esterno. Giorno.

Lontano si ode un suono di campanella, mentre per la via passa un modesto funerale. Rufo è morto.

Taverna. Interno. Giorno.

Nel sentire il suono a morto della campana, nella taverna cade per un attimo il silenzio.

DICK: *Chi è morto?*

JACK (al garzone): *Ehi tu, va' fuori e va' a domandare chi è il morto che passa. E poi torna qui a dirci il suo nome.*

GARZONE: *Signore, non importa che io vada a domandarlo. Lo so ormai... Accidenti, era un vostro caro compagno. È stato ucciso stanotte, intanto che stava seduto, ubriaco, su una panca. È venuto un ladro, chiamato La Morte, con la sua lancia gli ha fatto il cuore in due pezzi e se ne è andato senza dire parola. Io non so altro.*

OSTE: *È così...*

DICK: *Ma dove sta il pericolo d'incontrarsi con questo? Io invece lo andrò a cercare per la città e per la campagna!* (rivolgendosi agli amici, Johnny La Grazia e Jack La Giustizia) *Noi tre siamo sempre stati d'accordo... Giuriamo da fratelli di vendicare il nostro amico Rufo!*

JOHNNY: *Siamo fratelli carnali!*

DICK, JOHNNY e JACK: *Sì, fratelli carnali!* (si abbracciano).

DICK: *Andiamo, Jack La Giustizia e Johnny La Grazia... Fuori i coltelli e gambe in spalla, dovessimo arrivare in capo al mondo, troveremo quello che ha ucciso il nostro compagno! Ve lo dico io ! E allora sarà morto. La Morte!* (ride).

Tutti e tre escono.

Campagna. Esterno. Giorno.

I tre amici si sono fermati, indecisi sulla direzione da prendere. Vedono un vecchio pastore. Gli si avvicinano.

VECCHIO: *Dio vi accompagni, gentili signori.*

JACK: *Brutto straccione, perché sei tutto imbacuccato che sembri un frate?*

JOHNNY: *Perché vivi ancora così vecchio?*

VECCHIO: *Per quanto abbia girato il mondo, e sono stato perfino in India, non ho trovato uno che abbia voluto cambiare la sua gioventù con la mia vecchiaia. Povero e disgraziato, io vado così per il mondo, e mattina e sera batto con il bastone la terra... che chiude nel suo grembo la mia madre, e dico: Madre mia, fammi entrare! Quando avranno pace le mie ossa, alfine? Madre, darei ogni mia ricchezza per quel panno che ti avvolge sottoterra! Eh!... Ma ancora non mi vuol fare questa grazia!*

DICK (ride).

VECCHIO: *E voi ragazzi, non fate male a un vecchio, come voi non vorreste che fosse fatto a voi, nella vostra vecchiaia! Lasciatemi andare, e che Dio vi accompagni per la vostra strada. Io debbo andare per la mia...*

DICK (estraendo il coltello): *Eh no, straccione, non la passerai così liscia, per Dio! Hai parlato di uno chiamato La Morte... Io scommetto che tu sei d'accordo con lui, per uccidere noi ragazzi!*

VECCHIO (impaurito): *Bene... Se proprio volete trovare quello che cercate, voltate per quel sentiero laggiù. Quell'uomo che cercate, io l'ho lasciato in un bosco, sotto un albero. Vedete quella quercia?* (la indica col dito) *È di là che dovete cercarlo. Che Dio vi accompagni, ma che ci faccia anche migliori.*

Il vecchio si allontana, mentre i giovani si precipitano verso la quercia.

Campagna. Esterno. Giorno.

Sotto l'albero luccicano tante monete d'oro. I tre rimangono per un attimo stupefatti, poi...

JOHNNY (esultando): *Oh, d'ora in poi abbiamo di che vivere ricchi! Ma come portare via quest'oro, adesso che è giorno? Ci prenderebbero per ladri e rischieremmo la forca... Ecco. Uno di noi andrà in città a comprare pane e vino. Gli altri due staran di guardia al tesoro e non appena verrà buio ce lo portiamo via.*

JACK: *Dick, che è il più giovane!*

131

Senza dir motto Dick si avvia verso la città.

Strada di città. Esterno. Giorno.

Dick cammina di fretta, rimurginando fra sé. Un'idea gli passa per la mente. Sorride, e si dirige alla bottega dello speziale.

DICK: *Buongiorno, signore. Signor speziale, vorrei del veleno, per uccidere i topi, e anche una faina che da qualche notte si mangia tutti i capponi del mio pollaio, che Dio la maledica!*

SPEZIALE: *Va bene, ti darò una certa cosa... Dio mi salvi l'anima che chiunque ne assaggi solo quanto un chicco di grano, muore in pochi minuti.*

Taverna. Interno. Giorno.

Entra Dick e si rivolge al garzone.

DICK: *Ehi, tu! Dammi del pane e tre fiaschi di vino! Gambe! Corri!... E sbrigati, bastardo! Uffa! Corri, sacramento, che ho fretta...* (quando il garzone arriva finalmente col pane e il vino) *Dai da' qua, fichetto, da' qua!*

Campagna. Esterno. Giorno.

Dick si è fermato. Attorno non vede anima viva. Apre due fiaschi di vino, vi mette dentro il veleno. Li tappa accuratamente. Prima d'incamminarsi pensa ai due che lo aspettano e si fa il segno della Croce.

Campagna. Esterno. Giorno.

Sotto la quercia Jack e Johnny vedono comparire in lontananza Dick.

JACK (a Johnny): *Stai bene attento a quello che ti dico, Johnny. Senti... Tu hai giurato di essermi fratello...*

DICK (in lontananza): *Ehi!* (fischia).

JACK· *...Noi siamo due, e due hanno più forza che uno. Quando Dick è qui, tu ti alzi e gli vai dietro come per fare la lotta per* scherzo. *Però io tiro fuori il coltello e tu lo tieni fermo. Lo colpisco e dividiamo il tesoro tra noi.* (un'occhiata basta ad intendersi).

DICK (avvicinandosi): *Ragazzi, ecco il vino!*

JACK (alzandosi e andandogli incontro): *Gliel'hai fatta, porco Giuda! Era ora!*

JOHNNY (afferrando un fiasco): *Da' qua!*

JACK (bevendo dall'altro fiasco): *Auff! Che sete!*

JOHNNY (facendo finta di scherzare, abbraccia l'amico): *Dick, amore mio...* (ride)... *L'ho sempre detto che tu sei il migliore amico!* (lo tasta) *Che bel culetto che hai!* (ride, mentre senza farsi notare lo immobilizza).

JACK (estraendo fulmineamente il coltello): *Crepa!* (lo pugnala).

DICK (colpito a morte): *Ah!*

Johnny da tergo lo pugnala anche lui, poi lo molla e Dick cade riverso al suolo, morto stecchito.

JACK (soddisfatto): *Adesso beviamo e mangiamo, e stiamo allegri, Johnny, e dopo penseremo a seppellirlo.*

Ma Johnny non lo sta ascoltando. Si contorce in preda a violenti dolori di pancia.

JOHNNY: *Ah!... Ah!... Aspetta...* (tenendosi il ventre si allontana piegato in due).

Ma anche Jack comincia a sentire gli effetti del veleno. Si dimena tutto, vomita... Un poco più in là Johnny cade riverso al suolo. Poco dopo anche per Jack giunge il momento della fine.

Racconto del cursore.

Casa di Tommaso. Interno. Giorno.

Entra il Frate e si avvicina al letto dove Tommaso giace

ammalato.

FRATE (facendo il segno della Croce): *In nomine Patris, et Filii et Spiritus Sancti. Amen... Uhh! Buona davvero quella torta, Deus hic, caro Tommaso... Dio ti ricompensi perché su questa panca* (si siede) *ho ricevuto molti doni e mangiato molte buone cose... Ma ho saputo, caro Tommaso, che avete fatto elemosina ad altri frati... Ah, Tommaso, Tommaso, ecco perché non vi guarite!... Perché siete infedele! Da' a quel convento un sacco di grano, a quell'altro focacce, papere, galline... Oh! No, Tommaso, no! Tutto ciò non serve a niente! Cosa vale un tesoro diviso in tante parti? Non fa né caldo né freddo...*

TOMMASO (lamentandosi): *Io posso dare solo quello che ho e non quello che non ho, vi pare? Voi dite sempre che siete mio confratello e che mi amate...*

FRATE: *Eh?... Sì, sì, certo.*

TOMMASO: *Ebbene, visto che sto morendo, lascerò qualcosa al vostro santo convento: la cosa più preziosa che ho, ma giuratemi di distribuirla in parti eguali...*

FRATE (in fretta): *Te lo giuro!* (Si fa solennemente il segno della Croce).

TOMMASO: *...a tutti i vostri confratelli... Allora su, spingete la vostra mano lungo la mia schiena e cercate nel letto proprio sotto il mio culo... Ci troverete una cosa che vi ho nascosto in segreto. Forza!... Coraggio!*

FRATE (si avvicina e infila una mano sotto le coperte): *Dov'è? Dov'è?* (palpa in ogni dove).

TOMMASO: *Sotto il mio culo, proprio sotto il mio culo, capito? Avete la mano proprio sotto il mio culo?*

FRATE: *Sì! Sì!*

TOMMASO: *Allora bene!* (ride e gli molla una scoreggia proprio in mano).

Prologo del cursore.

Cella del Frate. Interno. Notte.

Il Frate sta dormendo, quand'ecco che alla finestra compare un Angelo. In istrada le galline starnazzano e il Frate al rumore si desta di soprassalto.

FRATE: *Cosa c'è?*

ANGELO: *Devi venire con me!*

FRATE: *Dove?*

ANGELO: *Eh, andiamo a visitare l'Inferno.*

FRATE: *Ma perché?*

ANGELO: *È stato deciso così là dove si può ciò che si vuole, e non chiedere di più!*

FRATE (alzandosi): *Oh, mio Dio!*

ANGELO: *Chiudi gli occhi, e tienili ben chiusi, eh? Uno... due... tre...*

Luogo Indefinito. Esterno. Giorno.

In una atmosfera di tragedia schiere di dannati errano, percossi dai demoni. Tra quelle turbe l'Angelo guida il Frate terrorizzato. Nel vederlo passare un gruppo di diavoli che sta giocando alla morra interrompe per un attimo il gioco e lo spernacchia. Finalmente i due giungono davanti a Satanasso in persona, inginocchiato in modo che mostri loro il culo.

ANGELO: *Ehi, Satanasso, alza la coda e fagli vedere dove stanno i frati qui all'inferno...*

A quelle parole Satanasso alza la coda, apre le chiappe e dal buco del culo schizzano fuori legioni di frati, come tante api che sciamano da un alveare, tra le urla di dolore dei dannati e le grida di scherno dei diavoli. E alla fine Satanasso conclude con una scoreggia colossale.

Casa Chaucer. Interno. Giorno.

Chaucer sorride, perso dietro le immagini che ha appena descritto.

Cattedrale di Canterbury. Esterno. Giorno.

I pellegrini sono finalmente arrivati a destinazione. Religiosamente si inginocchiano sul sagrato e in coro rendono grazie al Signore.

TUTTI: *In nomine Patris, et Filii et Spiritus Sancti. Amen.*

Casa Chaucer. Interno. Giorno.

Allo scrittoio Chaucer rilegge quanto ha appena finito di scrivere a chiusura del suo libro.

«Qui finiscono i Racconti di Canterbury raccontati per il solo piacere di raccontare».

E aggiunge: *«Amen».*

Il fiore delle mille e una notte

Gran Premio Speciale della giuria del
Festival Internazionale di Cannes 1974

ALBERTO GRIMALDI presenta
un film di Pier Paolo Pasolini

IL FIORE DELLE MILLE E UNA NOTTE
United Artists Corporation, 1974

———————

con

NINETTO DAVOLI	SALVATORE SAPIENZA
FRANCO MERLI	BARBARA GRANDI
INES PELLEGRINI	GIOACCHINO CASTELLINA
FRANCO CITTI	ABADIT GHIDEI
TERESA BOUCHÉ	SALVATORE VERDETTI
MARGARET CLEMENTI	LUIGI ANTONIO GUERRA c.s.c.
LUIGINA ROCCHI	FRANCELISE NOEL
FRANCESCO PAOLO GOVERNALE	CHRISTIAN ALEGNY
ZEUDI BIASOLO	JOCELYN MUNCHENBACH
ELISABETTA VITO GENOVESE	JEANNE GAUFFIN MATHIEU
ALBERTO ARGENTINI	FRANCA SCIUTTO c.s.c.

———————

Aiuti regia

UMBERTO ANGELUCCI
PETER SHEPERD

Segretaria edizione	BEATRICE BANFI
Assistente Montaggio	UGO DE ROSSI
Aiuto al montaggio	ALFREDO MENCHINI
Ispettori di produzione	GIUSEPPE BANCHELLI,
	ALESSANDRO MATTEI
Segretaria di produzione	CARLA CROVATO
Amministratori	DANIELE TIBERI, MAURIZIO FORTI
Operatore alla macchina	ALESSANDRO RUZZOLINI
Assistente operatore	MARCELLO MASTROGIROLAMO
Fotografo di scena	ANGELO PENNONI
Parrucchiere	JOLE CECCHINI
Truccatore	MASSIMO GIUSTINI
Fonico	LUCIANO WELISCH
Ufficio Stampa	NINO NALDINI
Mixage	FAUSTO ANCILLAI
Sincronizzazione	N.I.S., Roma
Effetti Ottici Speciali	RANK FILM LABS, England

Costumi eseguiti dalla SARTORIA FARANI
Parrucche della Ditta ROCCHETTI-CARBONI
Calzature della Ditta POMPEI
Spedizioni a cura della Ditta CECCHETTI

Una produzione
P.E.A. - Produzioni Europee Associate s.a.s., Roma
Les Productions Artistes Associés s.a., Paris

La produzione ringrazia i governi dell'ETIOPIA, della REPUBBLICA ARABA DELLO YEMEN, della REPUBBLICA DEMOCRATICA POPOLARE DELLO YEMEN, dell'IRAN e del NEPAL che grazie alla loro ospitalità e collaborazione hanno permesso la realizzazione di questo film.

Edizione	ENZO OCONE
Costumi	DANILO DONATI
Scenografia	DANTE FERRETTI
Musiche a cura di	ENNIO MORRICONE
Montaggio	NINO BARAGLI e
	TATIANA CASINI MORIGI
Direttore della fotografia	GIUSEPPE RUZZOLINI (A.I.C.)
Technicolor	

Direttore della produzione   Mario Di Biase (A.O.C.D.)
Collaborazione alla sceneggiatura Dacia Maraini

Prodotto da
Alberto Grimaldi

Scritto e diretto da
Pier Paolo Pasolini

———————

«La verità non sta in un solo sogno, ma in molti sogni» (da *Le mille e una notte*).

Mercato di Bagdad. Esterno. Giorno.

In mezzo ad una folla variopinta il banditore sta vendendo la schiava Zumurrud. Tra gli astanti la camera inquadra un giovanetto, Nur ed Din, che si guarda attorno avidamente.

BANDITORE (mostrando la schiava): *Chi darà inizio all'asta per questa schiava che è la signora delle lune? Non c'è nessuno del zebid che faccia i massaggi meglio di lei, i suoi massaggi alla testa fanno dormire come talpe, i suoi massaggi alle gambe fanno saltare come caprioli e come dice il poeta, la massaggiatrice è al di sopra di tutti i saggi e sotto la sua mano sono le teste dei re.*

UN MERCANTE: *500 dinar.*

RASHID ED DIN (un vecchio dalla faccia piena di rughe e gli occhi sbiancati): *Io 600!*

MERCANTE: *700 dinar!*

BANDITORE (rivolgendosi a Zumurrud): *Hai sentito, signora delle lune?* (indicando il mercante) *Offre 700 dinar. Lo vuoi come padrone?*

ZUMURRUD (guardando sfrontatamente il mercante): *No di certo! Quell'uomo con quella barba da scimmione!* (ride sfacciata).

UN MERCANTE GUERCIO (intervenendo): *La prendo io e offro 800 dinar!*

ZUMURRUD (replicando pronta): *Se vi fosse nel guercio qualcosa di buono Dio non gli avrebbe mica accecato un occhio! Ah! Ah!*

GUERCIO (offeso): *Ehi! Come ti permetti, villana!* (al banditore) *Ehi tu, maledetto banditore, ma chi hai portato al mercato?*

BANDITORE (con evidente imbarazzo): *Avete ragione, ma non è colpa mia. Il padrone a lei ha concesso di scegliersi il compratore che vuole.*

RASHID (rilanciando l'offerta): *Mille dinar!*

BANDITORE (a Zumurrud): *Mille dinar! Cosa aspetti? Questo è un prezzo da re! Lo vuoi questo vecchio per padrone, Zumurrud?*

ZUMURRUD (avvicinandosi a Rashid): *Tu hai un bastone di cera molle dentro i calzoni. E quando dormi, si alza* (ride) *e quando ti alzi dorme. Che Dio abbia pietà di chi ti sta accanto!*

A quelle parole tutto il mercato scoppia in una fragorosa risata, mentre Rashid è livido di rabbia.

RASHID: *Banditore, come osi qui portare una schiava che ci prende in giro e ci umilia tutti quanti, così sfacciatamente con chiacchiere stupide e versi irriverenti?*

BANDITORE (imbarazzatissimo): *Mi scuso, mi scuso ancora...*

Ma Zumurrud si disinteressa già della cosa, ha scorto tra la folla il giovane Nur ed Din e ha deciso di prenderselo come padrone. Scuote per la camicia il banditore.

ZUMURRUD: *Io non voglio essere venduta a nessun altro che a quel ragazzo laggiù* (lo indica).

Tutti si voltano a guardare Nur ed Din.

NUR ED DIN (sbalordendo): *A me?*

RASHID: *Ma quello lì è un ragazzetto senza neanche un soldo!*

BANDITORE (stupito): *Sei proprio decisa?*

ZUMURRUD: *Solo lui sarà il mio padrone perché ha la guancia liscia e la sua bellezza abbaglia chi lo guarda.*

BANDITORE (rivolgendosi a Nur ed Din): *Su, andiamo! Fatti coraggio, signore. Compra questa schiava! Non lo vedi che ti ha scelto? Avanti! Fatti avanti, che aspetti?* (e poiché Nur ed Din stupefatto è rimasto a bocca aperta, il banditore gli va incontro e lo prende per mano, portandolo da Zumurrud) *Vieni!*

ZUMURRUD (che ha intuito il problema di Nur ed Din): *Ciao. Prendimi per mano e portami nel vicolo qui accanto.*

Nur ed Din obbedisce, e si apparta con lei.

Vicolo del mercato. Esterno. Giorno.

ZUMURRUD (estraendo dalla cintura una borsa piena di monete d'oro): *Tieni, prendi questa borsa di soldi!*

NUR ED DIN (ancora frastornáto): *E poi?*

ZUMURRUD: *Danne mille al venditore. Col resto affitta una casa nel quartiere dei falegnami.*

Casa di Nur ed Din. Interno. Notte.

Proprietario di casa e proprietario di schiava Nur ed Din si appresta a coricarsi. Zumurrud lo guarda felice. Ridono entrambi. Zumurrud è la prima a spogliarsi, fino a restare completamente nuda davanti a Nur ed Din che la guarda ammirato. Allora gli si avvicina, gli si inginocchia ai piedi e scioglie con mossa piena di dolcezza la fascia che gli cinge i fianchi. Quando anche Nur ed Din è completamente nudo, lo prende per mano, guidandolo verso il letto nell'angolo della stanza. Ora si sdraia sul giaciglio, invitando Nur ed Din a venirle vicino. Allora il giovane sale sul letto, ma è la prima volta e non sa fare l'amore.

ZUMURRUD: *Non lì, non lì, stupido! Non così!*

NUR ED DIN: *Ahoò, io non ci so fare, mi aiuti tu?*

Ridendo di gusto, Zumurrud allunga una mano tra le gambe per guidargli il membro contro il grembo.

Taverna. Interno. Giorno.

Entra rabbuiato Rashid e cerca tra i presenti il cristiano Barsum, intento a giocare con gli amici.

RASHID: *Smettila di giocare, Barsum, e vieni qui!*

Sulle prime l'altro non sembra darsene per inteso, allora Rashid ripete, con tono di comando:

RASHID: *Vieni qui, ti dico! Svelto!*

Barsum s'alza e gli si avvicina.

Casa di Nur ed Din. Interno. Giorno.

Zumurrud è già desta. Inginocchiata davanti al telaio, contempla il lavoro che ha appena compiuto.

ZUMURRUD (a Nur ed Din, ancora addormentato): *Nur ed Din... Sveglia! Vieni qui!*

NUR ED DIN (svegliandosi): *Che c'è, amore mio?* (si leva dal letto e le va accanto) *Oh! L'hai fatto tu?* (contempla la tela) *Sei stata su a lavorare tutta notte!*

ZUMURRUD: *Guarda!... eh! eh! eh!... Ecco, su, corri a portare questa tela al mercato e vendila per duecento dinar.* (improvvisamente facendosi seria) *Ma stai bene attento a ciò che ti dico: non venderla a un uomo con gli occhi azzurri, a nessun prezzo... Hai capito?* (poi, timorosa) *Dio mio, ho paura che qualcosa ci separi, Nur ed Din! Non so perché. Mi sento sudare... Mi sento come un'ombra sul cuore...*

NUR ED DIN (sicuro di sé): *Ci sono io, sta tranquilla!*

Mercato. Esterno. Giorno.

Nur ed Din si aggira per il mercato, con la tela stretta sotto il braccio. Da un angolo lo osserva fissamente Barsum. Intanto Nur ed Din si è avvicinato ad alcuni mercanti e sta mostrando loro la tela.

NUR ED DIN (a un mercante): *Guardate com'è bello! Non è bello, signore?*

MERCANTE: *Eh! Eh! Si vede che è un lavoro eseguito da mani esperte... Chi lo ha fatto?*

NUR ED DIN: *Ho una schiava che ricama per me.*

MERCANTE: *Son pronto a comperarla.*

NUR ED DIN: *Potrei forse vendere l'anima che sta dentro il mio corpo?... No, no, scherzo! Prendete questa tela, signore, e datemi 200 dinar.*

BARSUM (che ha seguito tutto il dialogo): *Ti offro mille dinar!*

NUR ED DIN (si volta a guardarlo e la prima cosa che scorge

2

3

4

Le illustrazioni dalla n. 1 alla n. 9
sono tratte da *Il Decameron*

5

8

9

Le illustrazioni dalla n. 10 alla n. 21
sono tratte da *I racconti di Canterbury*.

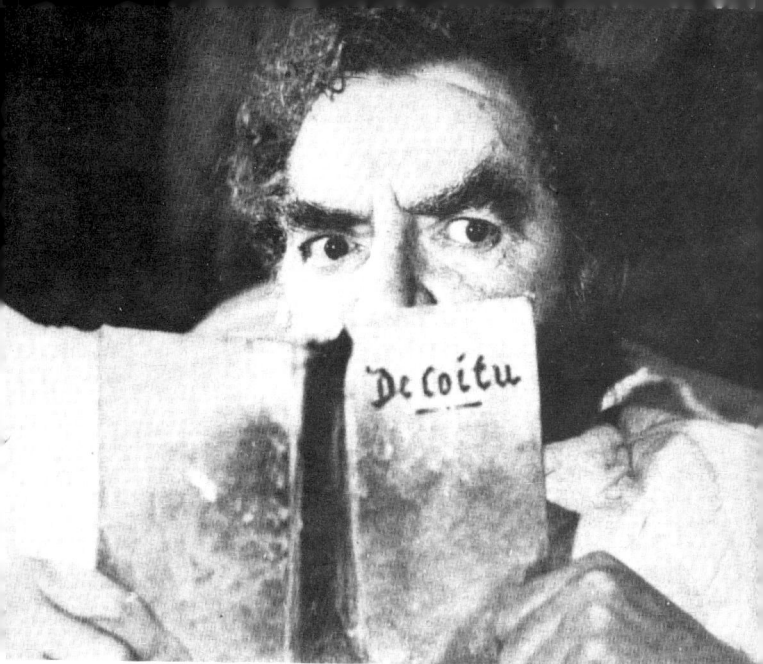

12

13

14

15

16

17

18

19

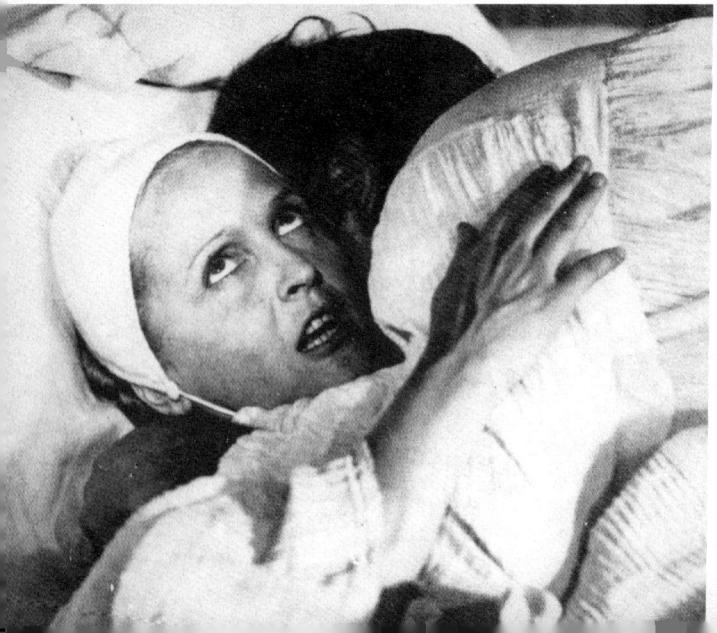

20

21

22

23

Le illustrazioni dalla n. 22 alla n. 29
sono tratte da *Il fiore delle mille e una notte*.

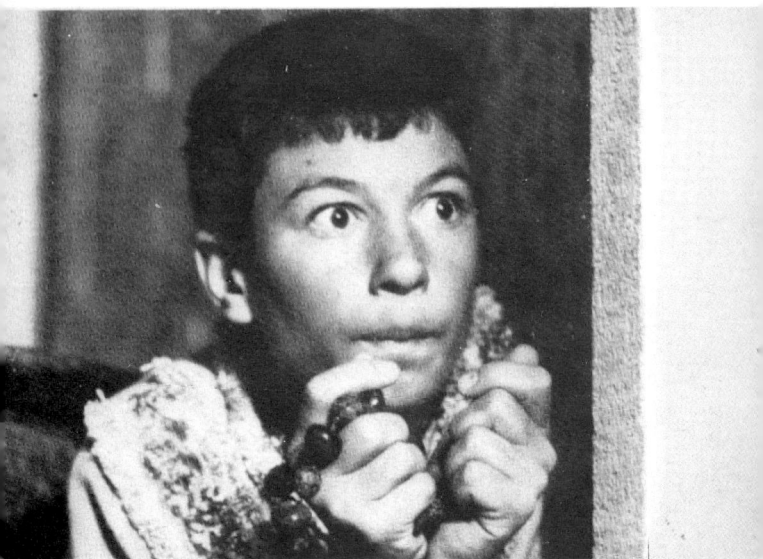

26

27

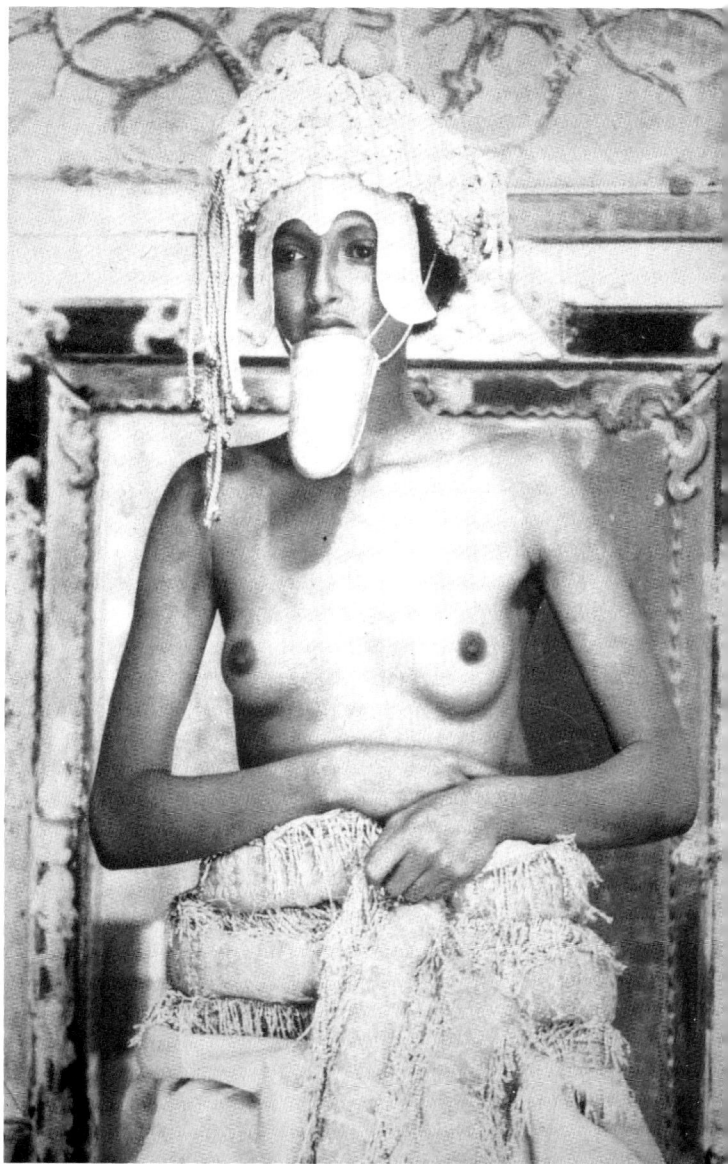

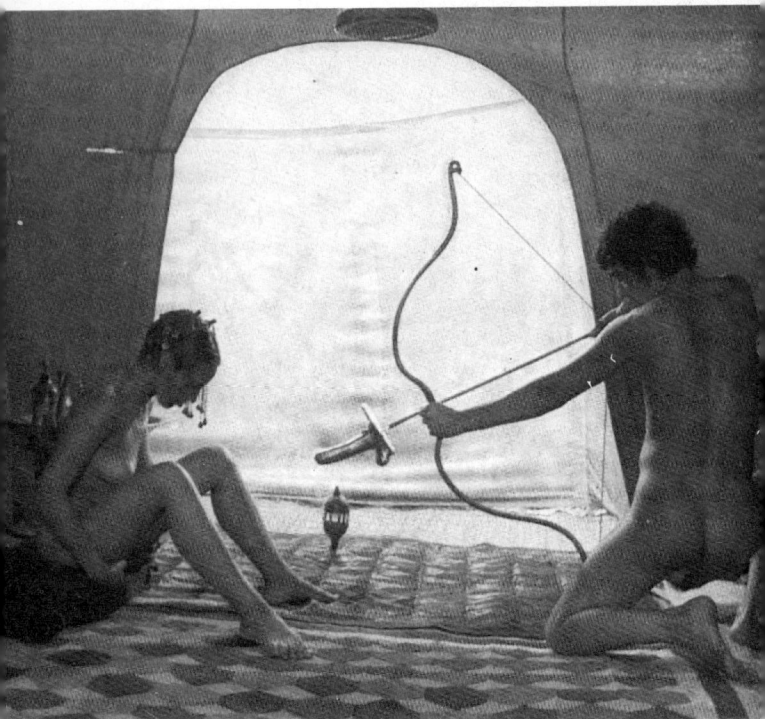

29

sono gli occhi azzurri. Trasalendo): *No! Mi è stato proibito di venderla a un uomo con gli occhi azzurri.*

MERCANTE: *Ma è un'offerta vantaggiosa! Se non gliela dai, sei... un mentecatto, ragazzo mio.*

NUR ED DIN (ferito nell'amor proprio, si decide per Barsum): *Va bene, dammi mille dinar... ma stai lontano da me.*

Strada. Esterno. Giorno.

Passa frettoloso Nur ed Din. Dietro, attento a non perderlo di vista, lo segue Barsum.

Casa di Nur ed Din. Esterno. Giorno.

Giunto di fronte alla porta di casa, Nur ed Din si decide di affrontare lo sconosciuto.

NUR ED DIN: *Cristiano, perché mi segui come un cane?*

BARSUM: *Vorrei solamente qualcosa da mangiare, perché ho lo stomaco vuoto.*

NUR ED DIN: *Non c'è niente in casa. Vattene con Dio!*

BARSUM: *Chi non dà da mangiare al suo ospite è ingrato a Dio.*

Nur ed Din entra in casa, colpito da queste parole.

Casa di Nur ed Din. Interno. Giorno.

Nur ed Din sta per prendere una cesta di frutta da portare allo sconosciuto quando scorge Zumurrud, intenta a leggere, che ride fra sé.

NUR ED DIN (incuriosito): *Cosa c'è? Cosa stai leggendo?*

ZUMURRUD: *Ascolta...*

Oasi. Esterno. Giorno.

Una giovane si sta rinfrescando in un laghetto. È nuda, in piedi in mezzo alla pozza e sta versandosi acqua sul corpo con un bricco d'argento. È un gran caldo e il silenzio è profondo. Tra il fogliame Harun ar-Rashid la guarda, pieno di desiderio. La ragazza si accorge di essere osservata

145

e, imbarazzata, si copre malamente il pube. Harun, vergo-
gnoso, si allontana.

Pianura. Esterno. Giorno.

Uscito dalla vegetazione, Harun sta meditando su quello
che ha visto. Sembra ispirato.

HARUN (tra sé): *La vide il mio occhio per mia sventura, e mi*
prese l'angoscia per doverla lasciare...

Viale alberato. Esterno. Giorno.

Il corteo reale di Harun ar-Rashid sta passando tra gli alberi.

HARUN (rivolgendosi al seguito): *Ehi, poeti della mia corte!*
Vediamo se è vero che i poeti sanno parlare anche delle cose
che non hanno visto... Fatemi una poesia che cominci con questo
verso: La vide il mio occhio per mia sventura e mi prese l'ango-
scia di doverla lasciare... Tu, Sium!

SIUM (con prontezza): *La vide il mio occhio per mia sventura*
e mi prese l'angoscia di doverla lasciare, la gazzella che mi ha
fatto suo prigioniero all'ombra di due alberi di palma. Si versava
l'acqua sul corpo dal vaso d'argento. Mi ha visto e si è nascosta
il pube. Ma il pube sporgeva fra le sue mani. Oh, potessi starmene
là sopra, un'ora o due... (ride).

Accampamento. Esterno. Giorno.

Dalla tenda esce il poeta Sium seguito da un giovane che
lo protegge dal sole con un ombrello.

SIUM (fra sé): *Passai accanto a due giovincelli e dissi: «Io vi*
amo!» Risposero: «Ce n'hai denari?» Risposi: «E li spendo gene-
rosamente». Esclamarono allora i giovincelli: «L'affare è fatto!»
(Ridacchia). *Oh! Guarda laggiù chi sono quei tre!* (indica al
suo ragazzo tre giovani slanciati che camminano in fondo
alla via).

Sium li avvicina e li interpella.

SIUM: *Ehi voi, ragazzi! Posso leggervi questi miei versi? Li ho*

scritti tanti anni fa quando ancora ero giovane quasi come voi:
(Apre un libro e legge) «*Un annoso vecchio con voglie giovanili
ama i bei ragazzi, ha la passione dei divertimenti. Si alza la
mattina nello spirito di Mossul. Ah, città della purezza! Ma non
sogna altro tutto il giorno che la vita peccaminosa di Aleppo!*

Ride; anche i tre giovani ridono.

SIUM (continuando): *E ora vorrei proporvi una cosa.*

1° GIOVANE: *Ti ascoltiamo.*

2° GIOVANE: *Parla.*

SIUM: *Se non avete altro da fare venite da me, che da me c'è
la miniera delle cose buone! Vino prezioso, portato dai frati del
monastero... eh! eh!... carne di agnello e tutte le specie di uccelli.
Mangiamo, beviamo, poi voi riprendete piacere l'uno dall'altro
e, se volete, tutti insieme date piacere a me.*

3° GIOVANE: *Va bene, ci stiamo!*

SIUM: *Andiamo!*

Tenda di Sium. Interno. Notte.

Il banchetto ormai è finito. Sium, ispirato dalla nudità dei
tre giovani che gli stanno davanti, compone dei versi.

SIUM: «*La gioia più grande è quella di un giovane bevitore
con bei ragazzi per commensali. Uno canta per lui e l'altro alza
il bicchiere alla sua salute. E quando ha bisogno di un bacio
da un altro, questo gli offre la bocca da baciare*».

2° GIOVANE: *Sium, perché non fai una poesia per ognuno di
noi tre?*

SIUM: «*Con la mia vita pagherei la tenerezza di questa guancia,
perché non c'è somma che la valga*». (gli bacia le gote, poi,
volgendosi al secondo) «*E sia benedetto Colui che ha fatto
queste guance senza pelo e vi ha diffuso questo colore, sede di
tutte le bellezze*» (lo bacia sul viso; rivolgendosi al terzo) «*Se
il mio animo se ne sta tranquillo in questo villaggio, il mio
cuore si trova invece attratto da due desideri... eh! eh! ...Un*

amore mi sospinge verso il minareto di Bagdad (lo tocca con grazia sul membro) *e un amore mi sospinge verso la terra delle due moschee»* (gli accarezza fuggevolmente le natiche).

I tre giovani ridono di tanta sfrontatezza.

Carovaniera. Esterno. Giorno.

Passa la carovana di Harun ar-Rashid con cammelli, capre, donne e bambini vocianti. Scendono verso la città. Sulla strada un giovane con un asino li osserva passare. Quando scorge Harun sul cammello, si inchina cerimoniosamente.

HARUN (interpellandolo): *Come ti chiami?*

BERHAME: *Il mio nome è Berhame.*

HARUN: *Quanti anni hai?*

BERHAME: *Quindici.*

HARUN: *E sei sposato?*

BERHAME: *Oh, no! Non sono sposato e non penso di sposarmi mai.*

HARUN: *Come? Le donne ti hanno fatto qualcosa di male, per caso?*

BERHAME: *No, ma ho letto nei libri che sono perfide.*

HARUN: *«Il paradiso terrestre si trova nel loro seno e la luna in cielo sovrasta la loro collina». Anche questo, ragazzo, è scritto nei libri.*

BERHAME: *Ma per natura, le donne tradiscono chiunque, sia vicino che lontano. Si dipingono le ciglia, si tingono le dita, si intrecciano i capelli e ti fanno inghiottire un sacco di bocconi amari.*

HARUN: *Berhame, vorrei proporti una cosa: vuoi venire con me alla mia reggia?*

BERHAME: *Oh, sì, grazie mio signore!* (si aggrega).

La carovana riprende lenta il suo cammino.

Carovaniera. Esterno. Giorno.

Sulla strada la carovana incrocia ora una ragazza intenta a pascolare delle capre. La moglie di Harun, Zeudi, le si ferma accanto.

ZEUDI: *Come ti chiami?*

GIANA: *Mi chiamo Giana.*

ZEUDI: *Quanti anni hai?*

GIANA: *Quindici.*

ZEUDI: *Vuoi venire con me?*

GIANA: *Con piacere!*

Accampamento. Esterno. Notte.

È già sceso il buio. Harun e Zeudi si stanno dirigendo verso la loro tenda.

ZEUDI: *Su, andiamo!*

HARUN: *Perderai la scommessa, Zeudi. La ragazza di cui tu parli è un vaso di orina a confronto del mio ramo di mirto.*

ZEUDI: *È inutile che discutiamo su chi è il più bello. Li abbiamo addormentati insieme con due narcotici diversi, perché si sveglino in ore diverse, no? Saranno loro stessi a giudicarsi. Noi non ci metteremo mai d'accordo.*

Tenda di Harun. Interno. Notte.

Dall'alto di un palco, Zeudi e Harun attendono il risveglio dei due giovani sdraiati in faccia l'uno dell'altra e coperti soltanto di un lenzuolo.

ZEUDI: *Oh Tiffané, certamente la più bella è lei. Guardala.*

HARUN: *Credo che ti sbagli, mia cara Zeudi. Il più bello è lui.*

ZEUDI: *A decidere chi sia il più bello dei due sarà l'amore. Ora li sveglieremo e chi dei due si innamorerà dell'altro vuol dire che è il meno bello perché è sempre il meno bello che si innamora del più bello.*

HARUN: *Va bene, lasciamo decidere all'amore.* (con l'aiuto di una lunga canna, sveglia il giovane Berhame).

Berhame apre gli occhi. Si guarda intorno. Quando vede la ragazza che gli dorme accanto, sorride e le si avvicina. È bella e il giovane la desidera. Rimane un momento pensoso, poi dice fra sé:

BERHAME: *Quello che Dio vuole, accade e quello che Dio non vuole, non accade.*

La scopre per guardarsela tutta. Sul palco i due vecchi sorridono maliziosamente.

Berhame, ormai deciso, apre le gambe di Giana, le monta sopra e la possiede, mentre la ragazza, stordita dalla droga, non si accorge di nulla. E quando si è soddisfatto, la ricopre e ritorna al suo letto, dove ricade quasi subito addormentato per la fatica e il narcotico.

Allora tocca a Zeudi svegliare Giana che a sua volta contempla affascinata il giovane che gli dorme accanto. Allora si alza, lo scopre, ne mira le fattezze del corpo, gli accarezza il membro per predisporlo al coito. E quando lo vede pronto, sale sopra di lui e si muove piano, con delicatezza. Ora ha finito. Si rialza e ricopre Berhame.

Tenda. Esterno. Notte.

Harun e Zeudi escono dalla tenda.

ZEUDI: *Non ho vinto né io né tu. Si sono innamorati ugualmente uno dell'altro. In ugual modo.*

HARUN: *Sono l'uno lo specchio dell'altra. Due lune piene nello stesso cielo.*

Cortile della casa di Nur ed Din. Esterno. Giorno.

Uscendo per portare della frutta allo sconosciuto, Nur ed Din se lo vede seduto direttamente nel cortile.

NUR ED DIN (indispettito): *Come sei entrato?*

BARSUM: *Che differenza c'è tra porta e cortile?*

Dal cesto che il ragazzo gli offre Barsum prende una banana, la sbuccia, ci versa sopra una polvere scura e la offre al ragazzo. Nur ed Din ne prende un pezzo di malavoglia. Mangia in silenzio, guardando con sospetto l'altro. Ma pochi attimi dopo le palpebre gli si fanno pesanti e cade in un sonno profondo.

Vicolo. Esterno. Giorno.

Passa Barsum, seguito da quattro servitori che trascinano una grande cesta di vimini.

Cortile della casa di Rashid. Esterno. Giorno.

Incontro al gruppetto avanza Rashid. I servi depositano la cesta. Barsum la apre. Da dentro si leva dolorante Zumurrud.

RASHID (infuriato): *Mi riconosci, Zumurrud? Tu hai osato dire che il mio membro non si alzava e io adesso mia cara Zumurrud, ti darò la punizione che ti meriti.* (la picchia selvaggiamente con una canna).

ZUMURRUD (in lacrime): *Ahi! Ahi! Iddio ti castigherà per quello che fai! Ahi! Ahi!...* (chiama, implorante) *Nur ed Din! Nur ed Din!*

Cortile della casa di Nur ed Din. Esterno. Giorno.

In quella Nur ed Din si desta di soprassalto. Tutto gli torna alla mente. Si precipita in casa.

NUR ED DIN: *Zumurrud!*

Ma gli basta un'occhiata per comprendere che Zumurrud è stata rapita. Allora esce in fretta, chiamando a gran voce.

NUR ED DIN: *Zumurrud!*

Strada. Esterno. Giorno.

Nur ed Din si aggira disperato tra i vicoli.

NUR ED DIN: *Zumurrud! Sangue del mio sangue! Zumurrud!*

Una torma di bambini vocianti lo segue prendendolo in giro.

NUR ED DIN: *Zumurrud! Dove sei?* (piange) *Zumurrud! Zumurrud!*

Taverna del mercato. Interno. Giorno.

Seduto in un angolo, Nur ed Din piange amaramente la perdita della sua schiava. Una signora, che dev'essere molto ricca, seguita dalla servitù, lo guarda interessata. Ordina con un gesto ai suoi uomini di portarglielo davanti. I servi si precipitano su Nur ed Din, lo prendono per i polsi e lo trascinano dinnanzi alla loro padrona.

SIGNORA: *Come ti chiami, bel ragazzetto? Perché piangi? Su, dimmi cosa ti succede.*

NUR ED DIN (tra i singhiozzi): *Ho perso Zumurrud, la mia schiava. L'ho comprata per mille dinar.* (la signora sorride comprensiva) *Un cristiano con gli occhi azzurri è venuto a casa mia e me l'ha rubata. E io, senza di lei, morirò!*

SIGNORA: *Oh!... Non piangere, vedrai che te la trovo io la tua Zumurrud, a costo di vestirmi da santona ed entrare in tutte le case della città!*

NUR ED DIN (baciandole grato le mani): *Grazie, signora, grazie, grazie, grazie...*

Casa di Nur ed Din. Interno. Giorno.

Sdraiato sul letto, Nur ed Din guarda fisso nel vuoto; senza Zumurrud la vita non ha più colore. Da fuori la Signora lo chiama:

SIGNORA (f.c.): *Nur ed Din! Nur ed Din! Ho belle notizie per te, sta allegro!*

A queste parole egli si leva di scatto, mentre entra la Signora.

SIGNORA: *Allora..., Nur ed Din, ho trovato la tua schiava... Come mi immaginavo è nella casa di Rashid e ho potuto parlarle... Lei ti aspetta stanotte, fra un'ora, sotto il muro di cinta... Lei farà un fischio, l'aiuterai a scendere e ve ne andrete via.*

Nur ed Din è pazzo di gioia, ma la Signora vuole la ricompensa.

SIGNORA: *Io ti ho aiutato e tu adesso devi essere carino con me e farmi sentire se sei un uomo.* (sorride maliziosa).

Anche Nur ed Din sorride, mentre la signora se lo trascina verso il letto, baciandolo sulla bocca.

SIGNORA: *Amore!* (lo accarezza con mano esperta).

NUR ED DIN: *Me lo stai facendo drizzare!*

SIGNORA (ridendo): *E lo credo bene, amore mio!*

Casa di Rashid. Esterno. Notte.

Ai piedi del muro Nur ed Din fischia più volte, ma dalla casa non risponde nessuno. Allora si siede per terra, appoggiandosi al muro, in attesa. Ma, nonostante il desiderio di rivedere Zumurrud, il sonno lo vince.

Mentre Nur ed Din dorme, ecco arrivare un brutto tipo, dalla faccia di assassino: è Giawan, il ladrone, che gira per la città in cerca di qualcosa da prendere. Vede Nur ed Din addormentato e lesto gli ruba i denari ed il turbante, che si mette sfacciatamente in testa.

In quel mentre, spunta dalla cinta del muro Zumurrud. La notte è fonda e non si vede bene chi sia giù ad attenderla.

ZUMURRUD (fischia): *Ehi! Nur ed Din, prendi la corda. Aiutami, amore!*

Cade una corda e Giawan ne approfitta immediatamente. Aiuta la ragazza a scendere...

ZUMURRUD: *Amore mio. Tienimi la borsa, è piena d'oro* (ride).

...la stringe fortemente tra le braccia e corre via di corsa nel buio.

Strada. Esterno. Notte.

Un poco alla volta Zumurrud comprende che chi la tiene in braccio non è Nur ed Din.

ZUMURRUD: *Oh, Dio! Chi sei tu? Dov'è Nur ed Din? Dove mi porti?*

Ma Giawan ha modi spicci.

153

GIAWAN: *Io sono io e ti porto dove dico io.*

La paura di Zumurrud cresce.

ZUMURRUD: *Chi sei?... Nur ed Din ha i capelli lisci come la seta. Tu invece sembri un maiale... Lasciami!*

Ma l'altro non se ne dà per inteso.

Spianata. Esterno. Giorno.

Zumurrud cammina lentamente, lamentandosi. Dietro Giawan la pungola.

ZUMURRUD: *Lasciami andare, brutta bestia... Lasciami andare...*

GIAWAN: *Morditi la lingua, se no ti strozzo!... Cammina, cammina!*

I due passano accanto ad un soldato ucciso, con la faccia rivolta al cielo, con vicino ancora il cavallo.

GIAWAN (truce): *Lo vedi? Quel soldato lo abbiamo ammazzato noi.*

ZUMURRUD: *Ah!*

GIAWAN: *Ecco la fine che farai, domani, se non stai buona e zitta... Io sono Giawan, il curdo... Se vuoi saperlo, siamo quaranta ladroni, e stanotte ti chiaveremo tutti, dal primo all'ultimo!*

Disperata per la sorte che l'attende, Zumurrud non può far altro che piangere.

Accampamento dei 40 ladroni. Esterno. Giorno.

Giawan entra, trascinando Zumurrud. Un vecchio li guarda interrogativamente.

GIAWAN: *Ti ho portato qualcosa di prezioso, padre!*

Lega la ragazza a una catena che chiude con un grosso lucchetto e, poiché resiste, la schiaffeggia.

GIAWAN (consegnando la chiave al padre): *Custodiscila bene.*

Intanto io vado a prendere gli altri e torno subito qua. Addio!
(esce).

Appena se ne è andato, Zumurrud cerca di ingraziarsi il vecchio.

ZUMURRUD: *Scommetto che hai la testa piena di pidocchi... eh? Se vuoi, ti spidocchio un po'. Vuoi? Eh? Vuoi?*

Strada. Esterno. Giorno.

Nur ed Din è nuovamente alla ricerca della sua Zumurrud.

NUR ED DIN (chiama): *Zumurrud! Zumurrud! Amore mio!*

Bambini urlanti gli corrono dietro, facendogli la baia.

Accampamento dei 40 ladroni. Esterno. Giorno.

Zumurrud sta finendo di spidocchiare il vecchio. Gli tiene la testa in grembo. Cullato dal movimento, il vecchio piano piano si addormenta.

ZUMURRUD: *Sì, dormi, bambino mio... fa la nanna...*

Gli fruga tra le vesti, cercando la chiave della catena.

Spianata. Esterno. Giorno.

Finalmente libera, Zumurrud ripassa di fretta davanti al soldato morto. Ne approfitta per prendergli il vestito e il cavallo.

Città di Sair. Esterno. Giorno.

Nella sua fuga, stanca, assetata e piena di sabbia, Zumurrud è giunta in vista delle mura della città di Sair. È vestita da uomo e ha il volto tutto coperto dal turbante. Sulla porta d'ingresso una gran folla è in attesa. I notabili della città le si fanno incontro festosi, offrendole doni. Il visir la saluta cerimoniosamente.

VISIR: *Cavaliere che vieni dal deserto, tu sarai incoronato re di questa città!*

ZUMURRUD (stupita): *Che cosa?*

VISIR: *Chi sei e come ti chiami?*

ZUMURRUD (mentendo): *Sono un soldato e il mio nome è Wardan.*

VISIR: *La nostra usanza è che quando il re muore e non lascia figli, ci mettiamo sulla porta ad aspettare il primo uomo che arriva dal deserto, lo prendiamo e lo facciamo re. Dio sia lodato che ci ha mandato un uomo snello di corpo e bello in volto. Su, bevi!* (le porge un boccale) *Entriamo in città!*

Palazzo reale di Sair. Esterno. Giorno.

Zumurrud sta per passare la soglia del palazzo, quando viene fermata dal Visir.

VISIR: *Prima di essere incoronato, dovrai prendere moglie. Eccola lì, mia figlia.* (la indica).

ZUMURRUD (imbarazzatissima): *E chi ti ha detto che ho voglia di prendere moglie?*

VISIR: *L'usanza vuole così. Se disobbedisci sarai gettato dall'alto della torre.*

ZUMURRUD (convinta): *Allora sia fatta la volontà di Dio!*

Cortile del Palazzo reale. Esterno. Giorno.

La festa di nozze è al suo culmine: ovunque si balla, si suona si canta.

Camera degli specchi. Interno. Notte.

La sposa, tutta agghindata, entra nella stanza incontro a Zumurrud. Zumurrud è seduta sul tappeto, con una barba d'oro sul viso glabro, occupata a sgranare un rosario.

HAYAT (impacciata): *Non hai altro da fare stanotte, che recitare il rosario? Non ti piace la tua sposa?*

ZUMURRUD (sospirando): *Tu sei bella Hayat, ma io sono infelice.*

HAYAT: *Forse sei innamorato di un'altra donna? Ma bada, se non consumi il matrimonio, domani sarai buttato dall'alto di una torre.*

ZUMURRUD: *Posso chiederti una cosa Hayat? Se io ti confido un segreto, saprai mantenerlo?*

HAYAT: *Lo prometto.*

ZUMURRUD: *Allora guarda.*

Si apre le vesti, mostrando così di essere donna. Zumurrud si toglie la barba finta, le collane, i bracciali fino a rimanere completamente nuda. Hayat per la sorpresa si porta la mano alla bocca, poi scoppia a ridere.

ZUMURRUD: *Ora conosci il mio segreto, Hayat. Se mi tradisci sarò gettata dalla torre più alta.*

HAYAT (sempre ridendo): *Non ti tradirò, Wardan.*

ZUMURRUD: *Il mio nome è Zumurrud. Sono stata schiava del più bello dei padroni. Si chiama Nur ed Din e non so più nulla di lui.*

HAYAT: *Ti aiuterò a trovarlo! Sono stata sfortunata, ma non ti tradirò!*

ZUMURRUD: *Ho in testa un'idea per far venire tanta gente in questa città e forse poterlo trovare. Ma tu devi fingere d'essere mia moglie e non dire niente a nessuno.*

HAYAT: *Te lo prometto! Faremo in modo di far venire qui tutta la gente che vuoi.*

Cortile del Palazzo reale. Esterno. Giorno.

Le feste organizzate da Zumurrud stanno richiamando tutta la gente del paese. Dal palco reale, Zumurrud osserva attenta, sperando di poter scorgere prima o poi tra tanta folla il suo Nur ed Din.
Ma vede invece entrare Barsum. Come lo riconosce, ha un attimo di trasalimento, poi fa finta di niente.
Intanto Barsum si è fatto largo tra gli invitati, mettendosi

a sedere tra alcuni commensali. Fa per prendere del riso da un piatto posto nel mezzo.

ATLETA: *Cosa fai, straniero? Mangiati quello che hai davanti!*

PANETTIERE: *Lascialo fare. Il re ha detto di mangiare a sazietà.*

GIOVANE: *Però non ha mica detto che si deve allungare le mani sul piatto degli altri.*

BARSUM (brusco): *Mi piace e lo mangio!*

ATLETA (che non vuole grane): *Bene! Mangiati quello che vuoi allora, e che possa ingozzarti!*

Ha appena finito di pronunciare queste parole che le guardie si precipitano su Barsum e, senza por tempo in mezzo, lo trascinano via.

ATLETA: *Per Dio, lo dicevo che quell'uomo ha fatto male ad allungare le mani sul piatto degli altri.*

PANETTIERE: *Ringrazio Dio di avermi impedito di mangiare un boccone da quel piatto di riso.*

ATLETA: *Se il re lo farà frustare... se lo merita!*

Palco reale. Esterno. Giorno.

Barsum è al cospetto del re in cui non riconosce, per effetto del travestimento, la schiava Zumurrud.

ZUMURRUD: *Dimmi come ti chiami e per quale motivo sei venuto nel nostro paese.*

BARSUM: *Io mi chiamo Alì, faccio il tessitore e sono venuto qui per commercio.*

ZUMURRUD (con tono di comando): *Alza la testa, straniero, e guardami fisso negli occhi!... Cane! Così mentisci a un re! Non sei forse Barsum il cristiano che ha rapito una donna con l'inganno? Dimmi la verità!*

BARSUM (piegando la testa, umiliato): *Hai visto giusto, re. Io sono Barsum.*

ZUMURRUD (alle guardie): *Prendete quest'uomo dagli occhi*

azzurri, portatelo fuori della città e uccidetelo!

Spiazzo nei dintorni della città. Esterno. Giorno.

È il crepuscolo. Il sole, calando dietro il deserto, illumina sinistramente il cadavere di Barsum crocifisso.

Campagna. Esterno. Giorno.

Nur ed Din è sempre alla ricerca di Zumurrud. Ha la faccia sporca di pianto, segnata dalla fatica e dal dolore. Si siede per massaggiarsi i piedi. Quando alza gli occhi, vede davanti a sé le mura di una città. Rianimato, riprende il cammino.

Strada di città. Esterno. Giorno.

Nur ed Din si avvicina ad un crocchio di donne.

NUR ED DIN: *Scusate, sapete dirmi dove è la mia schiava?*

Ma quelle si mettono a scappare come galline impaurite, ridacchiando stupidamente.
Allora egli si avvicina ad un gruppetto di fanciulli.

NUR ED DIN: *Ehi, bambini, per caso avete visto passare qui Zumurrud?*

1° BAMBINO: *E chi è questa Zumurrud?*

Gli altri fanciulli intanto lo deridono.

Altra strada di città. Esterno. Giorno.

Nur ed Din è stanco di tanto girovagare. Si appoggia sconsolato a un muro. In quella, un'enorme cesta è calata dal tetto.
Nur ed Din, incuriosito, ci sale dentro, in tempo per essere velocemente tirato su.

Terrazza. Esterno. Giorno.

Sono due giovani donne che stanno tirando su la cesta. Appena è al livello, prendono Nur ed Din per mano...

1ª DONNA: *Su, su, vieni con noi.*

... e lo trascinano sulla terrazza.

Casa delle ragazze. Interno. Giorno.

Le due giovani sono intente a spogliare Nur ed Din, che non trova più la forza di resistere.

2ª DONNA: *Dai, su, non aver paura. Non ti facciamo niente.*

1ª DONNA: *Ti facciamo solo un bel massaggio.*

2ª DONNA: *Su, su, da bravo. Distenditi qui, amore.*

Quando è completamente nudo, lo fanno sdraiare e, ridacchiando, cominciano a manipolarlo in tutto il corpo.

NUR ED DIN (divertito): *Ferma! Lo stai facendo addrizzare!*

1ª DONNA: *E certo, bel ragazzino!*

2ª DONNA (alla rivale): *Ehi! Vedo che vorresti prenderti tutta la sua ricchezza... Oh! Una parte è mia! Ci sono anch'io, no?*

1ª DONNA: *Eh no! Perché gliel'ho fatto addrizzare io e come diceva mia madre: «Chi dà la vita a una terra morta, ne diventa proprietario e se la gode».*

2ª DONNA (mostrando di stare allo scherzo): *Non dico di no, ma mia madre diceva anche: «La selvaggina appartiene di diritto a chi se la prende e non a chi la stana» e se l'hai stanata tu, va bene, ma la prendo io!*

Intanto una terza donna, entrata portando da bere, interviene:

3ª DONNA: *E va bene! Facciamo così allora: finché voi non vi metterete d'accordo, questa roba me la godo io!*

E con gesto trionfante di possesso allunga la mano sul membro di Nur ed Din.

Cortile del Palazzo reale. Esterno. Giorno.

Le feste organizzate da Zumurrud, che regna sulla città di Sair, continuano a richiamare gente. Tra questa anche Giawan, il ladrone, che per caso si siede, come prima di

160

lui Barsum, accanto ai commensali. Fa per allungare una mano sul piatto di riso posto nel centro.

ATLETA: *Ma questo non si tocca!*

GIAWAN: *Io mangio quello che mi pare.*

VECCHIO: *Bada che questo riso è maledetto e se lo mangi finirai crocifisso. È già successo a un altro.*

GIAWAN: *Ma che m'importa! Sta zitto, bastardo! Io faccio quello che voglio!*

Afferra una manciata di riso e se la mette voracemente in bocca.

ATLETA: *Che fame! Tu vuoi mangiare anche il piatto!*

PANETTIERE: *Lascialo mangiare. Basta guardarlo per vedere che la sua faccia è già quella di un morto... E poi non c'è niente da fare contro la volontà di Dio...*

Spiazzo nei dintorni della città. Esterno. Giorno.

Il sole che tramonta illumina un'altra croce che fa compagnia a quella di Barsum, alla quale è appeso Giawan.

Strada di città. Esterno. Giorno.

Seduto lungo un muro, insieme ad altri mendicanti, Nur ed Din chiede l'elemosina. Una giovane donna, coperta da un velo, gli si avvicina.

MUNIS: *Ehi, mendicante! Hai due braccia forti per caricare pesi? Se vieni ad aiutarci ti pagherò bene.*

Nur ed Din, contento di guadagnare qualcosa, acconsente di buon grado.

Mercato. Esterno. Giorno.

MUNIS (all'ortolano): *Ortolano, dammi delle mele di Siria, delle cotogne ottomane, delle pesche di Amman, del gelsomino di Aleppo, dei cetrioli del Nilo, dei limoni di Egitto, dei cedri sultanini, del mirto, della reseda, della camomilla, dei melograni e delle rose bianche moscate. Poi pasticcini, ciambelle moscate imbottite, torrone gelato, confetterie, paste secche, torte, e sfoglie imbiancate, zucchero, incenso maschio, ambra, muschio e pere alessandrine.*

Nur ed Din trasecola nell'immaginare il peso che dovrà portare.

Casa di Munis. Esterno. Giorno.

Seguita da Nur ed Din con un enorme carico sulle spalle, Munis è giunta di fronte a casa.

MUNIS (chiama): *Nabula! Budur! Sorelle! Venite giù, la roba è pronta!*

Casa di Munis. Interno. Giorno.

All'ombra di un albero, le tre sorelle hanno consumato il pasto in compagnia di Nur ed Din. Ora Munis sta leggendo una storia.

MUNIS: *Tagi Almolup, figlio di re Sul e Man, quand'ebbe raggiunto l'età dell'adolescenza era diventato tanto bello che come usciva per qualche sua faccenda tutti ne restavano incantati, al punto che vennero composte delle poesie in sua lode e per amor suo perdevano il pudore anche le persone più pure, tale era la sua splendente bellezza. Così come disse il poeta: «L'ho abbracciato e mi sono inebriato del suo profumo tenero e come nutrito di vento, sono ubriaco senza aver bevuto vino. Sono rimasto inebriato dal liquore della sua saliva»...*

Camera da letto di Dunya. Interno. Giorno.

Dunya, figlia di re, sta dormendo, ma un sogno la rende inquieta, la fa gemere...

...Campagna. Esterno. Giorno.

Un colombo, impigliato nelle maglie della rete di un cacciatore, si dibatte disperatamente, ma invano. Nel cielo, la compagna, innamorata, scende a liberarlo.

Ora il maschio è libero e i due colombi spiccano il volo, fianco a fianco...

Camera da letto di Dunya. Interno. Giorno.

Nel sonno, il volto di Dunya si distende.

...Campagna. Esterno. Giorno.

Ma questa volta è la colomba ad essere caduta prigioniera. Il colombo le vola intorno, per un po', poi, inaspettatamente, abbandona la compagna e si allontana, perdendosi nell'azzurro del cielo...

Camera da letto di Dunya. Interno. Giorno.

Dunya si desta angosciata. Il significato del sogno l'ha sconvolta. Si alza. Per distrarsi cerca di riprendere il lavoro che stava terminando: una tela con due gazzelle preziosamente ricamate.

Campagna. Esterno. Giorno.

Una gazzella sta fuggendo, inseguita da un agile cavaliere. Si tratta di Tagi Almolup dalla «splendente bellezza». Mentre la gazzella scompare nella macchia, Tagi è attratto dalla vista di un ragazzo tutto riccio, seduto sotto un albero, che singhiozza disperatamente. Incuriosito, gli si avvicina.

Casa di Munis. Interno. Giorno.

Munis sta continuando la lettura.

MUNIS: ... *Scendendo da cavallo, Tagi scorge un bel giovane dalle vesti nere e dall'aria gentile. Se non che la bellezza di quel giovane appariva sfiorita ed egli era abbattuto, come chi è separato dalle persone care...*

Campagna. Esterno. Giorno.

Tagi e il giovane sconosciuto stanno conversando, entrambi comodamente seduti sotto gli alberi. In quel mentre il giovane chiama un servo a portargli un sacco. Nell'aprirlo, gli cade una tela che, trasalendo sensibilmente, cerca di raccogliere e di nascondere.

TAGI (incuriosito): *Che cos'è questo pezzo di carta?*

GIOVANE SCONOSCIUTO: *Non è una cosa che puoi aver bisogno.*

TAGI: *Non far storie, fammela vedere.* (L'altro, un po' riluttante, gliela porge. Spiegandola, Tagi può ammirare terminato il disegno delle gazzelle di Dunya). *Sia gloria a Dio che fa conoscere all'uomo ciò che non conosce!* (Ma l'altro a quelle nobili parole non riesce più a trattenere le lacrime). *E poi voglio anche sapere perché ti sei messo a piangere vedendo questo pezzo di carta.*

GIOVANE SCONOSCIUTO (trattenendo a stento i singhiozzi): *La mia è una lunga storia... Il fatto che mi lega a questa pergamena e alla sua padrona è veramente molto strano.*

TAGI: *Su, raccontami la tua storia e quella dell'autrice di queste gazzelle.*

GIOVANE SCONOSCIUTO: *Io mi chiamo Aziz, ed ero fidanzato con mia cugina che si chiamava Aziza. Il giorno del matrimonio, quando tutto era pronto, io sono andato a fare il bagno...*

Strada davanti al bagno pubblico. Esterno. Giorno.

Aziz esce dal bagno, tutto azzimato e profumato. Lo accompagnano fino alla porta i servi e i massaggiatori.

SERVI E MASSAGGIATORI: *Buona fortuna Aziz...*
Tanta felicità per te e Aziza...
Addio Aziz, e torna a trovarci. Non dimenticarti di noi...

AZIZ: *Grazie... Grazie... Grazie...*

Strada di città. Esterno. Giorno.

Contento come una pasqua, Aziz si dirige verso casa. Dei

ragazzini, vedendolo passare tutto profumato, sotto il sole cocente, lo prendono in giro.

RAGAZZINI: *Che buon profumo! Come profumi, Aziz!*

Casa di Aziz. Interno. Giorno.

Entra Aziz. Osserva tutto soddisfatto la sposa.

AZIZ: *Aziza, sposina mia!* (le sorride. Poi si rivolge alla madre) *Ah, senti... Mi sono dimenticato... Vado ad invitare alle nozze Alì, il mio migliore amico. Vado e vengo.*

Strada di città. Esterno. Giorno.

Passa Aziz, seguito dai soliti ragazzini che lo annusano come cagnetti. Il sole picchia da spaccare le pietre.

Accaldato, Aziz si siede sugli scalini di una casa. I ragazzini lo scherniscono.

RAGAZZINO: *Cosa fai, Aziz? Aziza ti sta aspettando.*

ALTRO RAGAZZINO: *Il fazzoletto l'hai messo sotto il sedere e non ti puoi asciugare il sudore.*

Aziz mostra loro la lingua.

In quella dall'alto gli cade in grembo un fazzoletto. Aziz lo prende nelle mani e alza la testa, guardandosi intorno. Ad una finestra appare il volto di una bella ragazza bruna, che come si accorge di essere osservata, compie strani gesti e poi, sempre senza parlare, richiude le imposte.

Aziz resta lì impalato, a guardare quella finestra che non si riapre. Allora decide di avere pazienza. Si siede sugli scalini, in attesa.

Strada di città. Esterno. Notte.

È caduta la notte, ma Aziz è ancora seduto. Fa un lungo sospiro e osserva il fazzoletto che la bella sconosciuta gli ha lanciato. Svolgendolo, ne esce un biglietto, che Aziz legge con trepidazione.

AZIZ: *«Come restano sbalorditi il sole e la luna quando egli appare! E che vergogna provano i boccioli di rosa quando vedono i suoi ricci!»*

Quelle parole gli danno una inattesa felicità. Solo allora si alza con decisione e si allontana.

Casa di Aziz. Interno. Notte.

Aziza è seduta accanto alla madre di Aziz, intenta a consolarla. Entra Aziz, con aria colpevole.

MADRE: *A quest'ora ti presenti? C'erano tutti qui. Il Cadì, le guardie, gli emiri, i mercanti... Hanno mangiato e bevuto, ma tu non arrivavi e se ne sono andati. Tuo padre ha deciso di rimandare il matrimonio di un anno.*

Si copre il volto col velo e Aziz resta solo con Aziza. Le si siede accanto e scoppia in un pianto irrefrenabile.

AZIZA: *Cosa ti è successo?*

AZIZ (tra i singhiozzi): *Mi sono innamorato di una ragazzetta che mi ha buttato un fazzoletto dalla finestra... E poi non l'ho vista più!*

AZIZA (comprensiva): *E non ti ha detto niente?*

AZIZ: *No... Ha fatto solo così* (e ripete quei gesti misteriosi). *Cosa avrà voluto dire con quei segni, eh?*

AZIZA: *L'essersi infilata il dito in bocca vuol significare che sei diventato per lei ciò che è l'anima per il corpo. Aver posto due dita tra i seni significa: vieni qui fra due giorni per consolare il mio cuore.*

AZIZ (rassserenato): *Due giorni!*

E non si avvede di aver spezzato il cuore di Aziza con questa rivelazione.

Casa di Aziz. Interno. Giorno.

Aziz sta lavorando, ma la sua mente è persa dietro il suo grande amore. Ben presto le lacrime gli coprono la vista. Entra Aziza.

AZIZA: *Aziz! Aziz! Oh!... Mio Dio, guarda come ti sei ridotto a star lì senza mangiare, senza bere, senza dormire!... Su, vestiti, fatti bello e sta allegro, Aziz! I due giorni sono passati. Su, vestiti, svelto!* (gli porge gli abiti migliori) *Su, su, va da lei! Che Dio aiuti il vostro amore!* (lo aiuta a indossarli).

Strada di città. Esterno. Giorno.

Aziz corre trafelato all'appuntamento.
Giunto sotto la casa della sconosciuta, si siede pazientemente sui gradini, il viso rivolto all'insù.

Strada di città. Esterno. Notte.

È scesa la sera, ma la finestra non si è aperta.
Aziz, disperato, ritorna mestamente a casa.

Casa di Aziz. Interno. Notte.

Come rientra in casa, Aziza, che lo ha atteso per tutto il
giorno, gli si fa premurosamente incontro.

AZIZA: *Allora, Aziz?... Perché non hai trascorso la notte con
la tua innamorata e non hai preso da lei quello che volevi?*

A queste parole Aziz esce fuori di sé. Infuriato, la schiaffeggia con tutta la forza.

AZIZA (con dolcezza, rialzandosi da terra): *Ah!... Non ho parlato così per burlarmi di te!... Dimmi come è andata, invece?*

AZIZ (quasi urlando): *Non si è fatta viva!*

AZIZA: *Oh, Aziz, non rattristarti. Sei sul punto di raggiungere
il tuo scopo. Non si è fatta viva per vedere se il tuo amore per
lei è sincero... Domani non dovrai che tornare sotto la sua finestra e aspettare. I tuoi guai sono finiti. E adesso coraggio! Mangia
e bevi qualcosa, se no va a finire che muori.*

Ma Aziz è troppo agitato. Con un calcio manda per aria
un tavolino.

AZIZ (urlando): *Chi è innamorato è come un pazzo e non ha*

voglia di mangiare e dormire!

AZIZA (dolcemente): *Lo so bene!... Questi sono i segni dell'amore!*

Aziz piange disperato.

Strada di città. Esterno. Giorno.

Nuovamente Aziz è in attesa sotto le finestre della sconosciuta.
E finalmente la finestra si apre e la ragazza appare nuovamente. Guarda intensamente Aziz, mostra alcuni oggetti (uno specchio, una lampada, un borsellino), si scioglie i capelli, senza mai dir nulla. Infine si ritrae, chiudendo le imposte.

Casa di Aziz. Interno. Giorno.

Entra Aziz.

AZIZA (con aria apparentemente serena): *Stavolta come è andata?*

AZIZ: *Ha fatto così.* (E ripete i gesti della sconosciuta) *Cosa vuol dire?*

AZIZA (spiegando): *Pazienta fino al calar del sole. Quando l'ombra della notte sarà calata, vieni. Entra nel giardino che si trova in fondo alla città. Va avanti, fino a che troverai una luce accesa. Siediti lì e aspettami, ché l'amore che ho per te quasi mi uccide.*

Aziz è pazzo di gioia. Saltando corre fuori di casa, invano seguito dalle raccomandazioni di Aziza.

AZIZA: *Non è ancora notte! Riposa un po'! Sono otto giorni che non mangi!*

Giardino fuori di città. Esterno. Notte.

Arrivato a destinazione. Aziz entra trepidando nel giardino dove deve attendere la sconosciuta. Un ricco padiglione illuminato occhieggia tra gli alberi. Sul pavimento, ricoperto di tappeti, ci sono vassoi ripieni di ogni ben di Dio. Ormai certo che la sua amata verrà, Aziz si accoccola sui tappeti e nell'attesa (sono otto giorni che non mangia) allunga la mano sulla mensa imbandita...

Padiglione. Interno. Giorno.

È già mattina quando Aziz si risveglia. Sul petto qualcuno gli ha messo, mentre era addormentato, un coltello e una moneta.

Casa di Aziz. Interno. Giorno.

Con aria contrita Aziz ritorna a casa. Aziza lo accoglie apparentemente serena.

AZIZA: *Come è andata? Bene?*

AZIZ (sconfortato): *Ho fatto come hai detto tu, solo che mi sono addormentato e la mattina quando mi sono svegliato, sul ventre mi sono trovato questi* (e mostra il coltello e la moneta).

AZIZA: *La moneta è il suo occhio destro, sul quale si fanno i giuramenti. Il pugnale significa che ha giurato di ucciderti se ti comporterai un'altra volta come hai fatto stanotte.*

AZIZ: *Allora cosa devo fare?*

AZIZA: *Stasera, dovrai tornare nel suo giardino. Ma per non addormentarti di nuovo, dovrai riposare adesso e anche mangiare... Su, distenditi... Dormi...* (lo fa coricare).

Casa di Aziz. Interno. Notte.

Aziza sta sempre vegliando accanto ad Aziz, addormentato.

AZIZA (tra sé): *Io morirò!*

Ma queste parole che le sono sfuggite la riscuotono. Sa quello che deve fare.

AZIZA: *Su svegliati, Aziz!* (e quando Aziz è ben desto) *Mangia!* (gli porge il cibo, già preparato).

AZIZ: *Non ho fame!*

AZIZA: *Su, Aziz, mangia, non fare il bambino* (lo imbocca pazientemente). *E stavolta sta attento a non mangiare e a non addormentarti nel giardino. Lei verrà verso l'alba.*

Aziz a bocca piena accenna di sì, che le ubbidirà.

AZIZA: *Però, Aziz, vorrei farti una raccomandazione. Quando verrai via da là, dopo aver fatto con lei quello che vuoi, recita questi versi: «Dite, innamorati, in nome di Dio, come deve fare un ragazzo quando l'amore diventa padrone di lui?»*

Padiglione. Interno. Notte.

Nuovamente Aziz è nel padiglione illuminato. Il pavimento è ricoperto di vassoi e piatti ripieni di vivande, ma questa volta Aziz non si fa prendere dalla gola. Dice fra sé:

AZIZ: *No! Non devo toccare niente di questa roba! Niente!*

Deciso a resistere, si accoccola a debita distanza da quei vassoi, in trepida attesa della sua innamorata.
Aziz sta sempre vegliando. Una voce lo scuote. E lei compare sulla soglia.

RAGAZZA: *Aziz! Aziz! Amore mio! Mi hai aspettato!*

La ragazza lo abbraccia, lo bacia. Stretti l'un contro l'altra si ritirano sotto la tenda.

Padiglione. Interno. Notte.

Sui morbidi tappeti i due amanti sono ancora avvinti nella tenzone d'amore. Si baciano. Fuori comincia ad albeggiare.

Casa di Aziz. Interno. Giorno.

Vedendo arrivare Aziz tutto sorridente, Aziza gli va incontro con trepidazione.

AZIZA: *Allora, ti sei ricordato di dirle quei versi?*

AZIZ: *Oh!... Mi sono dimenticato... perché mi sono distratto a*

guardare questa pergamena che mi ha regalato. (Gliela porge)
Toh, guarda com'è bella! (È la pergamena con le gazzelle).

AZIZA: *Me la regali?*

AZIZ: *Sì, certo, se ti piace...* (sbadiglia, e si avvia esausto verso il letto).

AZIZA: *Domani, prima di lasciarla... dopo che hai fatto l'amore con lei... promettimi di dirle quei versi.*

AZIZ: *Sì, te lo prometto... Però adesso lasciami dormire... Oh, che sonno...* (si butta sul giaciglio).

Padiglione. Interno. Alba.

I due amanti sono nudi. Aziz in piedi sta bevendo; la ragazza inginocchiata ai suoi piedi, lo guarda innamorata. Aziz lascia allora scorrere un po' del vino lungo la gamba e la ragazza si china a leccarlo.

Padiglione. Esterno. Alba.

Aziz esce dalla tenda. Fa pochi passi, poi si volta soprappensiero verso la ragazza che è uscita a salutarlo.

RAGAZZA: *Addio!*

AZIZ: *Ascolta: «Dite, innamorati, in nome di Dio, come deve fare un ragazzo quando l'amore diventa padrone di lui?»*

RAGAZZA: *«Si destreggia con il suo amore, nasconde il suo segreto e pazienta in tutte le cose con rassegnazione».*

Aziz ascolta attentamente, poi se ne va.

Casa di Aziz. Interno. Giorno.

Entrando in casa Aziz trova inaspettatamente sua madre.

AZIZ: *Dov'è Aziza?*

MADRE: *È su in terrazza, tutta sola, che piange.*

AZIZ (meravigliato): *Cos'ha?*

MADRE: *Ma che cuore hai di lasciarla così, senza nemmeno*

chiederti di che male soffre!

Aziz resta per un attimo sovrappensiero, poi esce correndo in terrazza.

Terrazza di casa di Aziz. Esterno. Giorno.

Come vede Aziza, Aziz fa finta di ignorarla. Si siede col viso rivolto verso i tetti della città.

AZIZA (dolcemente): *Aziz! Aziz! Allora Aziz, le hai recitato quei versi?*

AZIZ: *Sì! E lei mi ha risposto con questi versi: «chi ama deve nascondere il proprio segreto e rassegnarsi».*

AZIZA (chinando la testa, come se proseguisse il discorso): *«Egli ha cercato di rassegnarsi, ma non ha trovato altro in sé che un cuore disperato dalla passione». Domani mattina, quando ta lasci, recitale i versi che ho detto ora. Hai capito?*

AZIZ: *Sì... sì...*

Padiglione. Esterno. Giorno.

Attraverso la tenda, si stagliano in controluce i profili dei due amanti e si odono le loro voci.

AZIZ (f.c.): *«Egli ha cercato di rassegnarsi, ma non ha trovato niente di più in sé che un cuore disperato dalla passione», amore.*

RAGAZZA (f.c.): *«S'egli non trova la rassegnazione, per lui non c'è altro di meglio, forse, che la morte».*

Casa di Aziz. Interno. Giorno.

Aziz entra gioioso in casa, dove Aziza lo attende sempre più consumata dall'amore.

AZIZ (porgendole una rosa): *Aziza, tieni!*

AZIZA: *Gliel'hai detti i miei versi?*

AZIZ: *Sì, e lei mi ha risposto: «Se non si rassegna, la cosa migliore per lui è la morte».*

AZIZA (guardandolo fissamente): *«Noi abbiamo udito e obbe-*

dito e quindi ora moriamo. Saluta per me colei che ha impedito il mio amore».

Padiglione. Interno. Notte.

I due amanti, nudi, sono seduti uno di fronte all'altra. La ragazza si apre le coscie. Aziz afferra un arco e una freccia dalla punta a fallo. Prende la mira e scocca. La freccia si infila nella vulva della ragazza.

Casa di Aziz. Interno. Notte.

Aziza piange sconsolata. Il suo destino è stato segnato dalle parole della ragazza. Si alza. Osserva con le lacrime agli occhi il disegno delle due gazzelle.

Padiglione. Interno. Giorno.

I due amanti si stanno baciando. Poi di soprassalto Aziz ricorda.

AZIZ: *Ascolta: «Noi abbiamo udito e ubbidito. Quindi moriamo. Saluta per me chi ha impedito il mio amore».*

RAGAZZA (trasalendo, impressionata da queste parole): *In nome di Dio, la ragazza che ti ha detto questi versi è morta!* (guarda Aziz costernata) *Se avessi saputo di questa ragazza non ti avrei fatto avvicinare a me!*

AZIZ (come a scusarsi): *Ma è mia cugina!*

RAGAZZA: *Lo sapeva che facevamo l'amore?*

AZIZ: *Sì!*

RAGAZZA: *Che Dio ti faccia piangere sulla tua giovinezza, come tu l'hai fatta piangere sulla sua!... Su, va a vederla!* (una lacrima, a quelle parole, le scivola sulle gote).

Cimitero. Esterno. Giorno.

Aziza è stata appena seppellita. Un gruppo di persone stanno intorno alla tomba, in raccoglimento. Sono i parenti e i vicini di Aziza. Tra essi c'è anche Aziz che vorrebbe forse pregare, ma sbuffa, impaziente di raggiungere l'innamorata.

AZIZ (alla madre): *Ma questa funzione quanto durerà?*

MADRE: *Continueremo tutti quanti a pregare fino a notte alta... Anche tu, che porti sulla coscienza la colpa della sua morte... Vorrei sapere che cosa le hai fatto per farle scoppiare il cuore. Lei non ha voluto dirmi niente... Dimmi, che cosa le hai fatto?*

AZIZ: *Ma io non le ho fatto niente!*

MADRE: *Prima di morire mi ha chiesto di dire alla ragazza dove vai di solito: «La fedeltà è un bene, ma è un bene anche la leggerezza».*

AZIZ: *Glielo dirò.*

MADRE: *E poi mi ha lasciato da consegnarti una cosa, solo quando ti vedrò gemere sinceramente per la sua morte.*

AZIZ (curioso): *Fammela vedere!*

MADRE (amaramente): *Non mi sembra di vederti piangere e gemere sinceramente per la sua morte.*

AZIZ (deluso): *...Mbé, adesso io devo andare. Non posso aspettare.* (si allontana).

Padiglione. Esterno. Sera.

Quando è nei pressi della tenda, dove l'attende la ragazza, Aziz chiama:

AZIZ: *Amore!*

La ragazza esce. Aziz è impaziente di raccontarle tutto.

AZIZ: *Avevi ragione! È morta! L'abbiamo sepolta oggi al cimitero.*

RAGAZZA (con un'espressione di severità): *La colpa della sua morte sei tu! Attento a non doverla pagare!*

AZIZ (come se non l'ascoltasse): *E poi ha lasciato detto di dirti queste parole: «La fedeltà è un bene, ma è un bene anche la leggerezza».*

RAGAZZA (profondamente colpita): *Ti ha salvato con queste*

sue parole, perché io avevo deciso di farti del male.

AZIZ (sgranando gli occhi): *Del male? Come?*

RAGAZZA (senza dargli risposta): *Stanotte stessa, prima di far l'amore con me, devi andare a fare elemosina per l'anima di tua cugina e incaricare un muratore di farle una tomba di marmo, come si fa per i santi.* (gli allunga una borsa di denaro).

AZIZ: *Farò come tu chiedi.*

RAGAZZA: *Va!*

Poi gli volge le spalle e si ritira.

Strada davanti al bagno pubblico. Esterno. Giorno.

Invece di adempiere quanto promesso, Aziz ha preferito passare il tempo andando al Bagno pubblico. Ora esce, tutto profumato e un po' alticcio.

1° BAGNINO: *Aspetta, Aziz, ancora un po' di profumo!*

2° BAGNINO: *Su, bevi ancora un bicchiere di questo vino fresco!*

Aziz prende volentieri il bicchiere.

AZIZ: *Salute!* (beve).

1° BAGNINO: *Salute, Aziz!*

Aziz finalmente li lascia, allontanandosi canticchiando tra sé.

Strada di città. Esterno. Giorno.

Mentre cammina, un po' traballante per il vino ingurgitato, un vecchio lo interpella.

VECCHIO: *Ehi, bel giovane, senti, vieni qui. Leggimi questa lettera di mio figlio* (gliela porge) *che è a lavorare lontano.*

AZIZ: *Dà qua...* (legge) *«Caro padre, io sto bene... Però qui non si rimedia un soldo. Sia fatta la volontà di Dio. Ti bacio e ti saluto, tuo Alì».*

VECCHIO (contento): *Grazie... Perché non entri in casa mia a farti un bicchiere di vino? È proprio qui!*

Aziz fa segno di sì. Il vecchio apre la porta, cede il passo e poi, come Aziz è sulla soglia, gli dà una violenta capocciata nella schiena, facendolo rotolare all'interno della casa.

Casa del vecchio. Interno. Giorno.

Mentre Aziz si rialza dolorante, e un altro vecchio chiude la porta, il primo affronta il giovane. Aziz si dibatte, poi ode dall'alto delle scale risuonare una risata di donna. Solleva gli occhi e vede sul ballatoio una ragazza bruna, dalla bellezza selvaggia.

2ª RAGAZZA: *Ehi! Aziz! Cosa ti piace di più: morire oppure vivere?*

AZIZ (pronto): *Vivere!*

2ª RAGAZZA: *Allora, se vuoi vivere, sposami!*

AZIZ (stupito): *Eh? Io sposarti?*

2ª RAGAZZA: *Sì! Sposandomi ti salverai da Budur la pazza.*

AZIZ: *E chi è Budur la pazza?*

2ª RAGAZZA: *Come? Sei vissuto con lei un anno e non la conosci? Ah, quanti ne ha fatti morire prima di te! Finora ti sei salvato per merito di Aziza, ma dove la trovi oggi una come lei? E tu sei ingenuo di fronte alla perversità delle donne, non è così?*

AZIZ: *Sì, è così.*

2ª RAGAZZA: *Io voglio salvarti, ma non senza interesse, come tua cugina. Io sono ricca e in casa mia non manca, come si dice, il pane nella dispensa e l'acqua nella brocca. E a te in compenso non domando altro che fare con me ciò che fa il gallo.*

AZIZ: *E che cosa fa il gallo?*

2ª RAGAZZA (che nel frattempo è scesa dalle scale e gli si è avvicinata): *Dai, fatti sotto! Tanto da qui non puoi scappare!* (lo abbraccia e insieme rotolano per terra) *Ora fai di me quello che vuoi, che io sono la tua schiava, amore mio* (gli solleva le vesti, lo accarezza fra le gambe) *Avanti! E dammelo tutto che la mia vita è tua!*

Casa del vecchio. Interno. Giorno.

È passato un anno. Ora la ragazza ha un bel maschietto, che tiene in grembo. Aziz le sta di fronte e fischietta per divertire il pupo.

2ª RAGAZZA: *Allora, Aziz, è passato un anno. Io mantengo le mie promesse e tu mantieni le tue. Puoi andare da tua madre, ma devi giurare di tornare qui prima di notte.*

AZIZ (con l'aria di essere veramente sincero): *Te lo giuro!* (esce).

Padiglione. Esterno. Giorno.

Arrivato al padiglione, Aziz vede Budur, accovacciata, in attesa.

AZIZ (meravigliato): *Budur! Eri qui ad aspettarmi? Come mai sapevi che oggi sarei venuto?*

RAGAZZA: *Non ne sapevo niente! È un anno che sono qui senza muovermi, né di giorno né di notte.*

AZIZ (un po' timoroso, decide di dirle la verità): *Mi sono sposato e ho avuto un figlio. Sono venuto, ma posso stare con te solo una notte.*

RAGAZZA (con voce piena di rancore): *Ti ringrazio molto, Aziz, ma ormai sei un uomo, sei sposato e hai un figlio. Che me ne faccio di te? Comunque se non ti voglio più per me, non lascerò neanche che tu sia per lei!* (Si alza e chiama a gran voce) *Venite, donne!*

Una schiera di megere sbuca urlando dagli alberi. Tutte si gettano su Aziz, lo rovesciano per terra, lo immobilizzano.

AZIZ (urlando): *No, no! Ah! Aiuto! No!*

Poi la ragazza afferra un coltello e gli si avvicina minacciosa. Allora Aziz si ricorda delle parole di Aziza.

AZIZ (urlando a perdifiato): *La fedeltà è un bene, ma è un bene anche la leggerezza!*

A queste parole la ragazza si ferma interdetta, lascia cadere il coltello e china la testa, con gli occhi pieni di lacrime.

RAGAZZA: *Ancora una volta Aziza ti ha salvato con le sue parole... Ma ti ha salvato soltanto la vita, perché la punizione che voglio darti te la meriti.* (rivolgendosi a due donne) *Prendete le polveri per le ferite!*

AZIZ (impaurito): *Che cosa vuoi fare?*

Senza dir motto la ragazza gli solleva le vesti sul ventre.

AZIZ: *Che cosa vuoi fare?*

La ragazza gli lega strettamente con una corda i testicoli.

AZIZ (urlando per la disperazione): *No! No! Budur, per pietà, no! Per pietà, no, Budur, no! No! Budur!*

Ma la ragazza non lo ode. Porge l'estremità della cordicella a due donne.

RAGAZZA: *Su, tenete!*

AZIZ (fuori di sé): *No! Nooo! Budur!*

RAGAZZA (alle donne): *Tirate!*

La cordicella si tende, mentre crescono le urla di disperazione di Aziz, che poi si tramutano in grida di dolore.

Terrazza della casa di Aziz. Esterno. Giorno.

Affranto, Aziz torna a casa, quasi irriconoscibile. La madre gli corre incontro, ad abbracciarlo.

MADRE: *Aziz! Aziz! Figlio mio, dove sei stato, da dove vieni? Che cosa hai fatto in tutto questo tempo?*

Aziz non risponde; il suo sguardo vaga un po' dappertutto. Ma quando scorge distesi sul terrazzo i vestiti di Aziza, un gran pianto gli sale agli occhi.

AZIZ (lacrimando): *Aziza! Aziza! Quanto bene mi hai fatto!*

Quanto amore hai avuto per me!

La madre allora estrae il dipinto delle gazzelle e glielo porge.

MADRE: *Aziz, ecco ciò che ti ha lasciato Aziza. Sì, Aziz, adesso te la posso dare.*

Commosso Aziz prende la tela, e solo allora si avvede che vi sono ricamate sopra anche delle parole.

AZIZ (compitando): *«Questa pergamena non è opera di Budur, ma della regina Dunya. Sappi, amore mio, che in quanto a me ti libero da ogni colpa. Anzi, ringrazio Iddio che mi ha fatto morire prima di te. Tua Aziza».*

Aziz, sempre in lacrime, cerca conforto tra le braccia della madre.

Campagna. Esterno. Giorno.

Aziz ha finito la sua storia.

AZIZ: *...Ho cercato la regina Dunya, sono entrato nel suo giardino. L'ho vista e mi sono innamorato di lei. Ma ormai cosa potevo fare io che sono ridotto come una donna?*

Tagi ha ascoltato in silenzio, sempre più preso. Ora si leva di scatto in piedi come mosso da una decisione improvvisa, ma fatti pochi passi, barcolla e cade tra le braccia di Aziz.

AZIZ (premuroso): *Che cosa ti succede, signore? Che cosa ti succede?*

Il mancamento è stato momentaneo: Tagi si è subito ripreso. Deciso, si strappa le vesti, le getta in terra e le calpesta. Poi afferrato un colombo, lo sgozza, sporcando col sangue i suoi vestiti.

TAGI: *Su, andiamo alla città di Dunya! Mi sono innamorato di lei anche senza averla mai vista. Se mi aiuterai a trovarla, ti compenserò... Vedendo i vestiti sporchi di sangue, mio padre crederà che io sia morto.*

Strada della città di Dunya. Esterno. Giorno.

Travestiti da pellegrini, Tagi e Aziz sono giunti finalmente alla città di Dunya. Qui incrociano una ricca carovana che sta per uscire dalle porte della città.

AZIZ (spiegando): *Ecco lì il re, il padre di Dunya. Forse andrà a trovare un altro re. Su, andiamo, Tagi.*

Locanda. Interno. Giorno.

TAGI (entrando e rivolgendosi agli avventori): *Ehi! Sta qui il capo del mercato?*

UN ARABO: *Sì! È quello lì, lo sceicco del mercato* (lo indica), *ma state bene attenti: è uno di quelli che gli piace più la banana che il frutto del fico. È quello che sta fumando laggiù.*

TAGI (ossequiando lo sceicco): *Buon giorno, sceicco, salute!*

SCEICCO: *Che due bei ragazzi! Peccato, così carini, che siate tutti sporchi per il viaggio!*

Tutta la sala sorride dello scoperto complimento dello sceicco.

SCEICCO (continuando): *Perciò prima di ogni altra cosa dovrete fare un bel bagno. E come dice il poeta: «Sia concessa lunga e felice vita al custode del bagno, allorché la sua mano sfiora dolcemente il corpo nudo, nato fra l'acqua e la luce!»*

2° ARABO (sornione): *Te li vorresti portare nel bagno e lì goderti la loro bellezza, eh?*

SCEICCO: *Certo! Io non sono come Dunya, la nostra principessa, che non può soffrire gli uomini e non vuole neanche sentire parlare di sposarsi!*

TAGI (impallidendo visibilmente): *Cosa dici?* (viene meno).

Davanti al giardino del palazzo di Dunya. Esterno. Giorno.

Davanti alla porta del giardino del palazzo reale, Tagi e Aziz si guardano intorno incerti. Si avvicinano ad un uomo.

TAGI: *Ehi! Sei tu il giardiniere di questo giardino?*

GIARDINIERE: *Sì, signore. Perché?*

TAGI: *Vorremmo visitarlo. Ci fai entrare?*

GIARDINIERE: *Ecco. Un momento che vengo ad aprirvi.* (Apre la porta e li fa entrare).

Giardino di Dunya. Esterno. Giorno.

Tra gli alberi si erge una piccola torretta. I tre si avvicinano.

TAGI: *Dì un po': di chi è questo giardino?*

GIARDINIERE: *Di Dunya, la figlia del re.*

TAGI: *Quella che odia gli uomini e non vuole sposarsi?*

GIARDINIERE: *Sì, signore, quella.*

TAGI: *Ma perché odia gli uomini?*

GIARDINIERE: *Ha sognato che un colombo fu preso nella rete e fu salvato dalla sua compagna. Quando poi fu la colomba a cadere nella rete, il colombo se ne fuggì e la colomba finì sgozzata. Da allora pensa che tutti i maschi siano come quel colombo.*

TAGI (colpito): *Senti un po': quanto ti paga al mese Dunya per il tuo lavoro?*

GIARDINIERE: *Oh, un dinar soltanto.*

TAGI: *Ascoltami bene: io vorrei fare in questo giardino una cosa buona, che mi ricorderai sempre.*

GIARDINIERE: *Sì, ma di che si tratta, signore?*

TAGI: *Prendi intanto questi 300 dinar* (gli porge una borsa tintinnante d'oro).

GIARDINIERE (convinto): *Signore, in questo giardino puoi fare tutto ciò che vuoi!*

TAGI (ad Azim): *Andiamo!*

AZIZ (stupefatto): *Che cosa vuoi fare, Tagi? Che cosa vuoi fare? Dì...*

Ma Tagi più non l'ascolta, sta già uscendo a passo svelto dal giardino.

Piazza del mercato. Esterno. Giorno.

Tagi si avvicina con decisione a due mendicanti.

TAGI: *State cercando lavoro? Io avrei bisogno di due manovali.*

SHAHZAMAN: *Se ci vuoi, siamo ai tuoi ordini.*

TAGI: *Vi darò tre dinar ciascuno. Al giorno.*

YUNAN: *No, non ci va bene.*

TAGI: *Quattro.*

YUNAN: *No.*

TAGI: *Sei.*

YUNAN: *No.*

TAGI: *Nove.*

YUNAN: *Noi lavoriamo per te solo a un patto: che tu ci dia un solo dinar al giorno a testa.*

Tagi è stupito, ma l'affare è concluso.

Torre del giardino di Dunya. Interno. Giorno.

Tagi sta preparando il disegno per un grande mosaico che copra il soffitto. I due manovali ordinano il materiale per dare inizio al lavoro. Ma Tagi è incuriosito dello strano comportamento dei due al mercato.

TAGI: *Dite un po', ma voi due siete fratelli?*

SHAHZAMAN: *No, non siamo fratelli carnali, ma siamo soltanto fratelli in Dio.*

TAGI: *E come mai... vi siete fatti santi e ve ne andate in giro come monaci all'elemosina?*

YUNAN: *Per servire Dio.*

TAGI: *Perché non mi raccontate cosa vi è successo e vi ha condotto a questo punto? Così potreste distrarvi e nello stesso tempo insegnare qualche cosa di buono a me che sono tanto giovane.*

SHAHZAMAN: *Se questo può servire a rendere più grande la*

gloria di Dio, ti racconterò la mia storia...

Deserto. Esterno. Giorno.

Una piccola carovana carica di casse e mercanzia attraversa lenta e tranquilla il deserto. Ad un tratto una masnada di predoni urlanti e con le spade sguainate si rovescia sulla pacifica carovana. È una carneficina. In men che non si dica ogni difesa è travolta.

In mezzo alla confusione Shahzaman si butta addosso al corpo di un uomo massacrato, si sporca del suo sangue e finge di essere morto accanto a lui. Quando il saccheggio è compiuto e i predoni si sono allontanati dileguando dietro l'orizzonte, allora Shahzaman si rialza e, tutto imbrattato di sangue, si allontana dalla parte opposta.

Città. Esterno. Giorno.

Affranto dalla fatica, Shahzaman è giunto finalmente a una città, appena in tempo per cadere esausto tra le braccia di un sarto sulla soglia di una casa. Il sarto premurosamente lo trascina dentro.

Casa del sarto. Interno. Giorno.

Shahzaman è disteso su un povero lettuccio; il sarto gli è accanto, premuroso.

SHAHZAMAN: *Grazie di avermi aiutato. Sto morendo di fame e di sete. Ti potrò compensare... Io sono figlio di re e portavo doni di alleanza al re dell'India e i predoni ci hanno assalito...*

SARTO: *È meglio che tu non parli con nessuno di queste cose. I nostri paesi sono nemici. Ma io ti darò ospitalità.*

SHAHZAMAN (con tono di riconoscenza): *Non ti sarò di peso. Posso lavorare e provvedere ai miei bisogni. Io ho studiato; so scrivere, fare il conto, conosco la scienza e la letteratura.*

SARTO (sorridendo): *Il tuo mestiere qui non rende niente. Da queste parti la gente si interessa solo di denari. Se vuoi potrai andare a far legna nelle campagne qui intorno.*

Campagna. Esterno. Giorno.

Shahzaman è a far legna. È il meriggio. Si ripara sotto un albero per riposarsi alla sua ombra. Nel gettar via l'accetta, ode un suono sordo quando questa cade a terra. Si china a vedere e scopre così una botola mal celata, con un anello di ferro per aprirla. Con circospezione solleva l'anello e vede una scala di corda che precipita nelle viscere della terra. Egli è dapprima stupito, poi si fa coraggio e scende dentro la botola.

Sotterraneo della campagna. Interno. Giorno.

Quando è arrivato alla fine della scala, Shahzaman vede una porticina che dà in un vasto salone, riccamente addobbato.

Sala del sotterraneo. Interno. Giorno.

Come è entrato, egli scorge in fondo alla sala una ragazza che, al vederlo, trasalisce impaurita.

GIOVINETTA: *Sei un uomo o un demone?*

SHAHZAMAN: *Sono un uomo.*

GIOVINETTA: *E come sei arrivato fino a qui?*

SHAHZAMAN: *Neanch'io lo so. Ma se è stato il destino, ciò è avvenuto perché cessassero la mia tristezza e la mia pena.*

A queste parole la giovinetta sorride rinfrancata.

Sala del sotterraneo. Interno. Notte.

Shahzaman e la giovinetta fanno l'amore sul ricco giaciglio della sala. Quando finalmente si distaccano:

SHAHZAMAN: *Ma tu chi sei, bambina?*

GIOVINETTA: *Io sono figlia di un re. Ma un demone mi ha rapita e chiusa dentro questa tomba. Qui viene a fare l'amore con me ogni dieci giorni. Se ho bisogno di lui, basta che io tocchi quelle parole incise su quella targa e lui arriva.*

SHAHZAMAN (in preda ad un'improvvisa decisione): *Amore mio... voglio farti uscire da qui sotto e liberarti da quel maledetto demone. Tu devi essere solo mia. Io ti porterò via da questa tomba e se il demone verrà, se la vedrà con me.*

Dette queste parole si alza spavaldamente dal letto e, prima che la giovinetta riesca a trattenerlo, corre a dare un violento pugno alla targa dove sono incise le parole magiche.

GIOVINETTA (urlando): *Scappa! Va via! Fra poco il demone verrà e ti ucciderà!*

A quell'urlo Shahzaman si rende conto della gravità di quanto ha fatto e, terrorizzato, afferra in fretta le vesti, scomparendo rapidamente su per la scala di corda.

Campagna. Esterno. Notte.

Shahzaman impaurito esce dalla botola, la richiude in fretta e corre via a più non posso.

Sala del sotterraneo. Interno. Notte.

Nel frattempo il demone è già arrivato. Con uno sguardo terribile osserva in silenzio la ragazza. Vicino al letto scorge abbandonate le pantofole di Shahzaman.

Strada di città. Esterno. Giorno.

Il demone, vestito da viandante, si aggira per la città in cerca del possessore delle pantofole, che porta ostentamente in mano. Ferma alcuni passanti.

DEMONE: *Ehi, voi!* (mostra loro le scarpe) *Sapete di chi sono queste scarpe?*

TRE BEDUINI: *No. Nessuno di noi ha perso queste scarpe.*

Casa del sarto. Esterno. Giorno.

Il demone interpella ora il sarto.

DEMONE: *Dì un po', sarto, conosci il padrone di queste scarpe?*

SARTO (riconoscendole, urla all'interno): *Shahzaman! Uno straniero ha trovato le tue scarpe!*

Casa del sarto. Interno. Giorno.

Shahzaman non fa neanche in tempo a rispondere che il demone è già dentro. A quella vista Shahzaman trasalisce. Il demone si toglie in silenzio la tunica; gli si avvicina, fa mostra di abbracciarlo, ma invece se lo stringe fortemente al petto per portarselo via e spicca il volo.

Sala del sotterraneo. Interno. Giorno.

I due si ritrovano immediatamente nel sotterraneo, dove la giovinetta è legata nuda alla parete.
Il demone la scioglie dai legami, poi le porge una spada e, indicando Shahzaman...

DEMONE: *Lo vedi? Ecco il tuo amante. Uccidilo e ti salverai tu.*

La giovinetta guarda Shahzaman fisso negli occhi. Lo ama, non può ucciderlo per salvarsi la vita. La spada gli cade di mano.
Il demone si china a raccoglierla e la porge questa volta a Shahzaman.

DEMONE: *Uccidila tu; e se la ucciderai ti manderò via senza farti niente...*

Ma anche Shahzaman ama la giovinetta. Allora getta la spada e prorompe:

SHAHZAMAN: *Non posso uccidere una donna che non ho mai visto e non mi ha fatto del male.*

DEMONE (che tutto ha compreso): *Fra voi due c'è dell'amore.*

In preda a furia omicida afferra la spada, trascina la ragazza per terra e, sotto gli occhi terrorizzati di Shahzaman, le amputa le mani e poi i piedi.
Pur così massacrata la giovinetta non getta alcun grido: semplicemente il suo sguardo è perduto in quello di Shahzaman. Ma il demone coglie quello sguardo e...

186

DEMONE: *Voi due avete fatto l'amore con gli occhi!*

...con un ultimo colpo le stacca la testa dal busto. Allora si rivolge a Shahzaman, che è rimasto impietrito dall'orrore.

DEMONE: *Non ho la certezza che tu mi abbia tradito con lei. Non ti ucciderò, ma neanche rimarrai impunito.*

SHAHZAMAN (implorante): *Ti prego, sii generoso fino all'ultimo e dammi la libertà.*

DEMONE: *Oh, no! Questo non sperarlo!*

Lo solleva da terra, stringendoselo al petto con tutta la forza...

DEMONE: *Su! Su!*

...e si alza in volo.

Cielo. Esterno. Giorno.

Aggrappato al demone, Shahzaman vede correre via sotto di sé la grande campagna piena di appezzamenti, e poi il deserto, e infine il mare, mentre il demone urla.

DEMONE: *Su! Tirati su, maledetta scimmia! Su!*

Campagna. Esterno. Giorno.

Poi i due si ritrovano sopra un poggio, sulla riva del mare, finalmente con i piedi a terra. Allora Shahzaman si lascia andare in ginocchio, mentre il demone, dopo aver raccolto un pugno di terra, glielo rovescia sulla testa mormorando:

DEMONE: *Nel grande nome di Dio e per la sua potenza, diventa ciò che la tua natura più desidera diventare!*

E Shahzaman si trasforma magicamente in una grossa scimmia.

DEMONE (sorridendo): *Toh, una scimmia!*

Allora il demone sparisce, e la scimmia rimane sola sul monticello, grattandosi perplessa la testa.

Spiaggia. Esterno. Giorno.

Alcuni marinai si stanno riposando sulla riva. Uno di loro scorge in lontananza una grossa scimmia. Incuriosito, corre a prenderla.

MOZZO: *Vieni qui, vieni! Vieni qua, su!* (ride) *Vieni, vieni qui, su!*

Le corre dietro per poco, poi l'afferra per la zampa e la trascina verso i compagni.

Nave sul mare. Esterno. Giorno.

Sulla nave il mozzo è intento a giocare con la scimmia. Intanto un marinaio va dal capitano reggendo un grosso rotolo di carta.

MARINAIO: *Capitano, capitano! Ecco il rotolo per il re. Prima di arrivare in porto bisogna scrivere la storia del nostro viaggio. Ce ne eravamo dimenticati, capitano!*

Il capitano prende la carta e la penna...

CAPITANO: *Ci penso io!*

...e sta per mettersi a scrivere, quando la scimmia sfugge di mano al mozzo...

MOZZO (ridendo, incuriosito): *Dove vai, occhi di gazzella, dove vai?*

...e, strappata la penna dalle mani del capitano, si mette a scrivere sotto gli occhi stupiti della ciurma.

Corte della reggia. Esterno. Giorno.

Il re sta esaminando il rotolo portatogli dal capitano, inginocchiato ai suoi piedi.

RE (leggendo): «*Lascia che il destino faccia ciò che vuole e accetta volentieri quello che ti manda. Non rallegrarti né rattristarti di niente. Ma se apri il calamaio della potenza e della grazia, fa che il tuo inchiostro sia liberalità e generosità*». Questa calligrafia è davvero molto bella. Nessuno dei miei consiglieri sa scrivere così bene i caratteri Tuluth. (alle guardie) *Su, andate*

*dall'autore di questa scrittura e fategli indossare un abito d'onore
e portatelo qui in corteo.*

Tra i marinai, il mozzo, all'idea della scimmia tutta vestita
e accompagnata in corteo, si mette a ridere come un matto.

Strada. Esterno. Giorno.

Ed ecco la scimmia, vestita a festa, con un ricco mantello
sulle spalle, che viene portata alla reggia su una portantina.
Al suo passaggio tutte le campane, grandi e piccole, della
città si mettono a suonare in segno di giubilo, accompa-
gnandola fino alla soglia della reggia, dove l'attende il re
in persona.

Corte della reggia. Esterno. Giorno.

Il re ha accompagnato la scimmia nel cortile del palazzo.
Ora chiama la figlia.

RE: *Ibriza! Ibriza! Guarda!*

IBRIZA (apparendo a una finestra): *Padre mio, come ti è venuto in mente di farmi vedere da uomini estranei?*

RE (divertito, alla scimmia): *È vero quello che dice di te mia
figlia, che sei un uomo e non una scimmia? È così, eh?*

Intanto la figlia è scesa nella corte e appare veramente turbata.

IBRIZA: *Padre mio, questa scimmia non è un animale ma un
uomo!*

RE: *Allora ti scongiuro, in nome di Dio, libera questo giovane
dalla sua condizione, perché voglio farne il mio Visir!*

IBRIZA (addolorata): *E io così farò, visto che tu me lo comandi... anche a rischio della mia vita...* (rivolgendosi alla scimmia).

*Che tu sia il benvenuto, povera scimmia. La tua anima è stata
più forte della tua natura!*

Compie alcuni gesti di magia e la scimmia si ritrasforma
in Shahzaman...

SHAHZAMAN: *Grazie di avermi ridato la mia anima!*

Ma in quella Ibriza, che ha sfidato la forza del demone, si muta in un fuoco ardente, sotto gli occhi allibiti del re e di Shahzaman. In pochi secondi brucia tutta e al suo posto non resta che un mucchietto di cenere.

Torre del giardino di Dunya. Interno. Giorno.

Shahzaman sta continuando la sua storia.

SHAHZAMAN:...*Quella bambina aveva sacrificato a me la sua vita, bruciandola nel fuoco. Se la mia pena avesse colpito le montagne, esse sarebbero crollate. Sentii di avere offeso Dio...*

Corte del Palazzo del re. Esterno. Giorno.

Il re e Shahzaman si guardano muti. Poi Shahzaman corre fuori, deciso.
Il re lo segue...

Palazzo del re. Esterno. Giorno.

...in tempo per vederlo spogliarsi degli abiti, in cambio di quelli di un mendicante.

RE: *Vuoi rinunciare alle tue ricchezze, al tuo grado, alla tua sapienza? E per quale motivo?*

SHAHZAMAN: *Quello che lascio, non lo lascio per generosità, ma a causa del destino e di un giudizio sul genere umano.*

Pronunciate queste parole, Shahzaman volta le spalle al re e se ne va per sempre.

Spiaggia. Esterno. Giorno.

Un povero pescatore ha appena finito di pescare, quando un vecchio, coperto di un povero saio, sceso da una leggera imbarcazione, gli si avvicina.

PESCATORE: *Che il Signore sia con te.*

ASCETA: *Ti voglio affidare un incarico, come se tu fossi il mio più vecchio amico.*

PESCATORE: *Un incarico?... Va bene, dimmi.*

ASCETA: *Dio mi ha rivelato che domani a mezzogiorno tu verrai da me laggiù, su quell'isola in fondo al golfo, e mi troverai morto, vicino a un pozzo. Allora lavami e avvolgimi nel sudario che troverai vicino a me e seppelliscimi. Poi prendi la mia tunica e il mio turbante e quando si presenterà uno a domandarteli, tu daglieli.*

PESCATORE (chinando la testa in segno di obbedienza): *Va bene, lo farò.*

Piazza del villaggio. Esterno. Giorno.

Il principe Yunan sta giocando a nascondino con altri ragazzini.
Mentre gli altri si nascondono, Yunan con gli occhi chiusi fa la conta.

YUNAN: *1, 2, 3, 4, 5, 6, 7, 8, 9, 10, 11, 12, 13, 14, 15, 16, 17, 18, 19, 20, 21, 22, 23, 24, 25, 26, 27, 28, 29, 30, 31, 32, 33, 34, 35, 36 ,37,38, 39, 40, 41, 42, 43, 44, 45, 46...*

In quella una voce misteriosa scende dal cielo.

VOCE: *Yunan! Figlio mio, rimani così con gli occhi chiusi e ascoltami. Il mare, Yunan, il mare! Va da tuo padre e chiedigli di fare un viaggio per mare.*

Come la voce si spegne, Yunan abbandona il gioco e in fretta corre verso la reggia.

Cortile della reggia di Yunan. Esterno. Giorno.

Il giovane arriva di fronte al padre, intento a fare le abluzioni.

YUNAN: *Padre, noi possediamo delle isole oltre il mare, vero?*

RE: *Sì che le possediamo, perché?*

YUNAN: *Voglio prepararmi una nave e andare a visitarle.*

RE (stupito): *Come? Tu vuoi andare in mezzo al mare? Figlio mio, cosa ti viene in mente? Tu che hai persino paura a fare il bagno nella vasca! Tu che giochi ancora con i bambini di dieci anni! E dormi sempre.*

YUNAN (con decisione che non ammette repliche): *Padre, voglio conoscere il mondo, voglio fare un viaggio per mare!*

Allora il padre tace, rassegnato.

In mare. Esterno. Giorno.

Sulla nave Yunan è in attesa della sorte che il destino gli ha assegnato. Poi s'ode un rumore come di tuono. Sulla tolda tutti guardano preoccupati il cielo.

CAPITANO (a un mozzo): *Ehi, tu, sali sull'albero e dicci cosa vedi.*

Il mozzo obbedisce e quando è arrivato in cima...

MOZZO: *Laggiù a destra, vedo la superficie dell'acqua tutta piena di pesci. E laggiù, in mezzo, c'è un'ombra che in certi momenti è nera e in certi momenti è bianca.*

A quelle parole il volto del capitano si riempie di terrore. Cade in ginocchio implorante.

CAPITANO: *Oh, Dio! Siamo perduti! Nessuno di noi si salverà!*

YUNAN (che non capisce): *Parla, spiegati! Cosa succede?*

CAPITANO: *Siamo vicini alla montagna di pietra nera, dove sotto una cupola di rame c'è un cavaliere anch'esso di rame. Finché quel cavaliere non cadrà nel mare, tutte le navi saranno attratte verso la montagna e si infrangeranno sulle rocce...*

Il capitano ha appena finito di parlare che un'ombra cupa scende sulla nave, gettando nella disperazione l'equipaggio.

In mare. Esterno. Notte.

Nel buio la nave è risucchiata verso le rocce nere, fino ad infrangersi con fragore sulle loro punte aguzze.

In mare. Esterno. Notte.

Dal naufragio solo Yunan si è salvato e ora sta nuotando vigorosamente verso la riva.

Montagna nera. Esterno. Notte.

Egli si sta ora arrampicando sulla montagna, verso la cupola di rame con la statua del cavaliere. Ma quando arriva alla cima, sfinito cade per terra, precipitando in un sonno profondo.

Allora si ode una voce, quella voce che già gli aveva ordinato di andare per mare.

VOCE: *Yunan! Scava sotto i tuoi piedi. Lì c'è un arco di rame e una freccia di piombo. Colpisci il cavaliere che sta sotto la cupola, fallo crollare nel mare e libera il mondo da questa sventura.*

Come un sonnambulo Yunan si rialza, scava sotto i suoi piedi, afferra l'arco e la freccia e con un colpo ben assestato trafigge il cavaliere di rame, che precipita giù lungo la montagna, nel mare. E dietro di quello l'isola nera intera si inabissa.

In mare. Esterno. Giorno.

Nuovamente in acqua, Yunan nuota disperatamente in cerca di un approdo. In fondo all'orizzonte appare il profilo di un'isola.

Isola. Esterno. Giorno.

Vi arriva infine, stremato, ma tra le rocce vede una barca staccarsi da un vascello ormeggiato vicino alla riva. Temendo qualche pericolo Yunan si acquatta tra le rocce. E vede un uomo e un ragazzo sbarcare e l'uomo aprire una botola direttamente sulla riva e il ragazzo infilarvisi dentro, mentre l'altro gli dice:

PADRE: *Mi raccomando, resta chiuso dentro e non uscire per nessuna ragione. Quando tornerò, aprirò io la porta. Addio, figlio mio.*

RAGAZZO: *Va bene, padre, va bene. Addio, padre, addio.*

Come il figlio è sparito dentro, il padre richiude la botola, poi torna alla scialuppa e risale sulla nave. Quando la nave è lontana, Yunan corre alla botola, solleva la pesante porta ed entra dentro.

Sotterraneo. Interno. Giorno.

Sceso nel sotterraneo, Yunan giunge in una ricca stanza e in fondo scorge seduto il ragazzo, che lo guarda atterrito.

RAGAZZO: *Chi sei? Cosa vuoi? Va via! Va via, per pietà! Non uccidermi, non uccidermi!*

Terrorizzato il ragazzetto si rifugia in un angolo.
Yunan non comprende il motivo di tanto terrore e allora si accoccola per terra e gli rivolge un ampio' sorriso. A quella vista il ragazzo sembra rinfrancarsi.

RAGAZZO: *Non mi vuoi uccidere? Mi lascerai vivere? Vero? Non mi ucciderai, vero?*

Yunan dolcemente fa cenno di no con la testa; il ragazzo si asciuga le lacrime e si rasserena. Allora Yunan gli si avvicina e l'altro, fiducioso, lo abbraccia.

YUNAN: *Sono contento che ti sia calmato. Io sono re, figlio di re, ti sono amico, non voglio ucciderti. Perché dovrei ucciderti?*

Il ragazzo, ormai del tutto tranquillizzato, gli spiega il perché del suo improvviso terrore.

RAGAZZO: *Oggi io compio quindici anni e a mio padre, che è re, i profeti avevano predetto che in questo giorno sarei stato ucciso. Dicevano che mi avrebbe ucciso un giovane senza occhi che veniva dal mare. Questo giovane avrebbe liberato il mondo abbattendo un grande cavaliere tutto di rame, ma in compenso occorreva una vittima senza colpa. E quella vittima ero io.*

YUNAN: *Allora ti dico: confida nella bontà di Dio e stà allegro. Sono contento di aver fatto naufragio ed essere capitato qui a difenderti, perché se qualcuno vorrà farti del male dovrà vederse-*

la con me!

RAGAZZO: *Ti ringrazio! Sono felice che tu sia qui mio ospite, anche se purtroppo sotto terra* (prendendo per la mano Yunan lo guida verso un'altra stanza) *vedrai, c'è un bagno bellissimo!*

Bagno del sotterraneo. Interno. Giorno.

Il ragazzo si spoglia e invita Yunan ad entrare nell'acqua.

RAGAZZO: *Entra, entra!*

YUNAN: *Come dice il poeta: «Viva il garzone del bagno, quando la sua mano tocca il petto di Alì e la schiena di Malik. Il bagno ti sembra un inferno, mentre è in realtà un paradiso, e soprattutto vi si trovano corpi belli come soli e come lune».*

RAGAZZO: *Vieni, andiamo. Anch'io la so una poesia sul bagno: «Vita di gioia per chi scende nel bagno. Su di esso hanno versato ardenti lacrime gli stagni».*

Entrambi si immergono nella vasca e scherzano sorridenti, da buoni amici.

Sotterraneo. Interno. Notte.

I due giovani stanno ora dormendo nello stesso letto. Improvvisamente, dormendo, con gli occhi serrati, Yunan si leva dal letto come un sonnambulo. Sul tavolo afferra un coltello, poi si avvicina al ragazzo, che dorme bocconi, e lo pugnala bestialmente alla schierna. Il ragazzo muore nel sonno. Solo allora Yunan, sempre stretto nella mano il coltello, si sdraia nuovamente accanto al cadavere e si abbandona immobile, come morto.

Sotterraneo. Interno. Giorno.

Quando Yunan si ridesta, la prima cosa che scorge è il coltello stretto in pugno, tutto insanguinato. Con orrore lo getta lontano e si alza sconvolto. Allora vede il ragazzo, steso accanto a lui, assassinato, e orrendamente tutto gli si fa chiaro nella mente: il destino si è avverato.

Nave all'ancora davanti all'isolotto. Esterno. Giorno.

Sulla tolda il padre di Yunan osserva una figura umana sulla spiaggia.

RE: *Guardate, guardate quel ragazzo laggiù! Guardate laggiù, tutto solo sulla spiaggia... Potrebbe essere Yunan, mio figlio* (Guarda meglio e lo riconosce) *Ma sì; sì; È proprio lui, lo riconosco.* (urlando) *Figlio mio! Yunan! Figlio mio! Sono io, tuo padre! Yunan!*

Immediatamente è messa in mare una scialuppa.

Piazza di fronte alla reggia. Esterno. Giorno.

La città si appresta a festeggiare il ritorno del figlio del re. Tra la folla c'è anche il pescatore. Passa il corteo reale, ma Yunan, rivestito degli abiti regali, cammina come assente dietro a suo padre. Tuttavia, appena giungono davanti al pescatore, Yunan si ferma, folgorato. Il pescatore china gli occhi smarrito.

PESCATORE: *Che Dio sia con te, signore!*

YUNAN (ispirato): *Qualcuno ti ha lasciato per me una tunica?*

PESCATORE: *Sì, signore.*

YUNAN: *Dammela!*

Il pescatore obbedisce, trae dai suoi stracci la tunica e la porge a Yunan, che si spoglia dei ricchi abiti per indossare la tunica miserabile del santone.

RE (stupefatto): *Che cosa ti succede?*

Ma Yunan ha deciso.

YUNAN: *Addio, padre.* (si allontana).

RE: *Figlio, dove vai?*

L'altro è già lontano.

Torre del giardino di Dunya. Interno. Giorno.

Le storie di Shahzaman e di Yunan sono finite. Nel frattempo anche il mosaico è terminato e Tagi lo ammira compiaciuto.

Giardino di Dunya. Esterno. Giorno.

Il giardiniere sta accompagnando Dunya a vedere l'opera. Nascosto tra l'erba Tagi lo osserva. Arrivati davanti alla torre, il giardiniere indica dalla finestra i colori vivaci del mosaico.

GIARDINIERE: *Dunya, guarda lassù, dentro la casa. Guarda come è bello... Chi avrà dipinto il soffitto?*

Dunya incuriosita entra nella torre.

Torre del giardino di Dunya. Interno. Giorno.

Dunya si ferma sorpresa davanti allo splendido mosaico, in cui riconosce la descrizione del suo sogno doloroso.

GIARDINIERE: *È bellissimo, Dunya, è bellissimo!*

DUNYA (turbata): *Non capisco. Questa è la storia del mio sogno.*

GIARDINIERE: *Eh, sì, è vero. La colomba è lì, presa nella rete.* (con lo sguardo scorre i pannelli del mosaico: il colombo prigioniero e la femmina che corre a liberarlo, poi la colomba prigioniera...) *Qui però c'è qualcosa che non c'era nel tuo sogno, Dunya. Il maschio che credevi sfuggito per viltà, è stato afferrato da un altro uccello rapace e ucciso... Eh, i sogni a volte insegnano male, Dunya, perché la verità intera non è mai in un solo sogno. La verità intera è in molti sogni!*

Ma Dunya non lo ascolta più; è già fuori come una gazzella.

Giardino di Dunya. Interno. Giorno.

Il giardiniere, uscito dalla torre, fa in tempo a vedere Dunya correre incontro a Tagi ed abbracciarlo. Felice, canticchia una canzone.

Torre del giardino di Dunya. Interno. Giorno.

Sotto il mosaico che descrive il sogno della principessa, Dunya e Tagi si abbracciano appassionatamente, fino a cadere esausti addormentati l'uno nelle braccia dell'altra.

Piscina della casa di Munis. Interno. Giorno.

Nella vasca Nur ed Din sta ruzzando con le tre sorelle. Tutti sono nudi. La prima lo prende per mano.

NAHBUBA: *Facchino, vieni qui, vieni. Osserva bene a non sbagliarti.* (gli indica la peluria del ventre che si intravede nell'acqua) *Come si chiama questa? Dimmelo!*

NUR ED DIN (con gli occhi lucenti, le mormora all'orecchio): *Sorca.*

NAHBUBA: *No!*

NUR ED DIN (idem): *Fica!*

NAHBUBA (ridendo): *Nooo!*

NUR ED DIN: *Allora si chiama piccione!*

NAHBUBA (divertita): *Ti sbagli!*

NUR ED DIN (sbottando): *Ah! Bè, dimmelo tu come si chiama!*

NAHBUBA: *Si chiama l'erba profumata dei prati.*

NUR ED DIN: *Sia lodata l'erba profumata dei prati!*

Intanto Budur gli si è avvicinata e lo ha preso a sua volta per mano.

BUDUR: *Adesso tocca a me. Su, facchino, vieni qui. Dimmi un po': come si chiama questa?* (indicando il sesso) *Osserva bene e non sbagliarti, eh!*

NUR ED DIN (pronto): *L'erba profumata dei prati!*

BUDUR: *No, stupido! Hai sbagliato!* (gli dà scherzosamente uno scapaccione sulla testa).

NUR ED DIN (indispettito): *Ma insomma, come si chiama?*

BUDUR: *Si chiama: melograno sbucciato.*

Ora gli si avvicina Munis.

MUNIS: *Non è finita, facchino. Allora dillo a me, come si chiama questa?* (gli indica il grembo) *Su, guarda bene e attento a non sbagliarti un'altra volta.*

NUR ED DIN: *Melograno sbucciato!*

MUNIS (dandogli un sonoro ceffone): *Stupido! Non si chiama così!*

NUR ED DIN (spazientito): *Ma insomma, come si chiama?*

MUNIS: *Si chiama: L'albergo della Buona Mensa* (ride).

A questo punto Nur ed Din ha capito il gioco.

NUR ED DIN: *Ah, sì? Allora come si chiama questo?* (indica alle tre ragazze il suo membro che traspare nell'acqua) (a Munis) *Guarda bene, non ti sbagliare. Guarda bene.*

Munis gli sussurra qualcosa all'orecchio.

NUR ED DIN: *No!* (alle altre due) *Chi di voi lo sa?*

BUDUR: *Io lo so! Io!* (gli dice un'altra cosa all'orecchio).

NUR ED DIN: *No!*

Nahbuba gli mormora qualcos'altro all'orecchio.

NUR ED DIN (ridendo): *No! No!*

MUNIS (impaziente): *Beh, allora dicci tu come si chiama!*

NUR ED DIN (indicandolo): *Questo si chiama il somarello, il somarello che pascola l'erba profumata dei prati, che mangia per pranzo il melograno sbucciato e che passa la notte all'albergo della Buona Mensa!*

Le ragazze scoppiano a ridere e lo abbracciano e lo baciano, divertite.

Cortile della casa di Munis. Esterno. Giorno.

Tutti e quattro sono ora addormentati all'ombra degli alberi. Ma Nur ed Din si sveglia di soprassalto, come per un cattivo sogno. Si guarda smarrito intorno. Vede le tre ragazze addormentate. Si ricorda della sua schiava e allora piangendo fugge da quella casa, chiamando:

NUR ED DIN: *Zumurrud! Zumurrud!*

Deserto. Esterno. Giorno.

Alla ricerca di Zumurrud, Nur ed Din si trascina stancamente in mezzo al deserto.
D'improvviso alza gli occhi e vede venirgli incontro un leone. Si ferma un momento atterrito. Si guarda attorno come a cercare un rifugio. Ma la spossatezza e il dolore lo vincono. Si lascia cadere a terra sfinito.

NUR ED DIN: *Se vuoi sbranarmi, fallo. Sono stanco di camminare. Sono stanco di cercare.* (piange) *Avevo una schiava, la più bella del mondo, e l'ho perduta! Su, leone, uccidimi e divorami, così la mia pena sarà finita!*

Ma il leone sembra di tutt'altro avviso. Con un ruggito pare fargli intendere che deve seguirlo. Poi si incammina lentamente in direzione del deserto, fermandosi ogni tanto come ad accertarsi che Nur ed Din gli venga veramente dietro.

NUR ED DIN (stupito): *Ma che c'è? Che vuoi? Non capisco... Vuoi che ti venga dietro?...* (convinto) *Va bene, vengo, vengo...*

Si rialza e, pieno di nuova speranza, va dietro all'animale.

Città di Sair. Esterno. Giorno.

Quando il leone ha condotto Nur ed Din alla città dove regna Zumurrud, gli fa un ultimo cenno, come a dirgli che è là che deve cercare, e lo lascia solo.

Cortile del Palazzo reale. Esterno. Giorno.

Nur ed Din entra nel Palazzo reale, dove ancora fervono le feste indette da Zumurrud. Dal palco reale Zumurrud lo scorge e il suo cuore ha un sobbalzo; ma decide di trattenere la sua gioia e di continuare ancora per un poco la finzione.

Intanto Nur ed Din è andato a sedersi vicino ad alcuni commensali. Fa per prendere un pugno di riso dal piatto posto in mezzo.

PANETTIERE: *Fermo! Non mangiare da quel piatto, giovanotto! È pericoloso!*

RAGAZZO: *Stai attento! Tutti quelli che hanno assaggiato quel riso sono stati uccisi.*

ATLETA: *Che mangi! Lascialo fare, vediamo come andrà a finire.*

NUR ED DIN (ormai alla disperazione): *Lasciatemi mangiare! Se mi ammazzeranno è meglio, così finirò di penare!*

Fa appena in tempo a dire queste parole che le guardie lo prelevano di forza per portarlo davanti a Zumurrud.

Palco reale. Esterno. Giorno.

Nur ed Din non riconosce la sua schiava, travestita con una barba d'oro finta.

ZUMURRUD: *Come ti chiami?*

NUR ED DIN: *Nur ed Din.*

ZUMURRUD (alle guardie): *Prendete questo Nur ed Din, rivestitelo profumatamente e portatelo a palazzo!*

Cortile del Palazzo reale. Esterno. Giorno.

La decisione ha lasciato sorpresi i commensali.

VECCHIO: *Altro che ammazzarlo! Mi sembra che stia facendo tante gentilezze a quel ragazzo il nostro Re!*

ATLETA: *È bello! Il re sarà stato colpito dai suoi begli occhi.*

PANETTIERE: *Non c'è da meravigliarsi. Probabilmente il nostro re preferisce il melone alla susina.*

ATLETA: *Eh, amici... Giuro che me lo farei pure io quel ragazzino.*

Camera degli specchi. Interno. Giorno.

La porta della camera si apre per lasciare entrare Nur ed

Din, tutto profumato e vestito a nuovo. Su di un seggio, è seduta Zumurrud, nei suoi pesanti abiti di re, con la corona e la barba rituali, apparentemente intenta alla lettura.
Nur ed Din resta fermo davanti alla porta, imbarazzato per la strana situazione in cui si trova. Zumurrud, dopo averlo sbirciato per un po' da sopra il libro, gli ordina:

ZUMURRUD: *Su, vieni qui e fammi un massaggio alle gambe!*

Nur ed Din si china ai suoi piedi, eseguendo.

ZUMURRUD: *Su, coraggio! Più in alto!* (sorride tra sé, divertita).

Nur ed Din gli lancia uno sguardo di sotto in su.

NUR ED DIN: *Ti massaggio più in alto, ma non sopra il ginocchio, però.*

ZUMURRUD (con voce autoritaria): *Come? Tu non vuoi fare ciò che ti ordino? Sta attento a te! Anzi, te lo dico chiaramente: tu devi fare quello che ti dico, ragazzo! Voglio tenerti per amante, e forse per premiarti, ti farò uno dei miei emiri.*

NUR ED DIN (impressionato da tale rivelazione): *E... e che cosa dovrei fare?*

ZUMURRUD: *Su! Va a distenderti sul letto!*

Nur ed Din è sconvolto dalla piega che hanno assunto gli avvenimenti. Con un ultimo sussulto di dignità sbotta:

NUR ED DIN: *Io non l'ho mai fatto! Riprenditi tutti i tuoi doni e lasciami andare via da questa città!*

ZUMURRUD (con voce adirata): *Obbedisci! E va a distenderti sul letto! Vuoi forse che ti faccia tagliare la testa?*

A Nur ed Din non resta ormai che ubbidire. Si stende di malavoglia sul letto.

ZUMURRUD: *Girati! A pancia in giù!* (Nur ed Din esegue) *Tirati giù i pantaloni adesso!* (ride tra sé, accorgendosi dello sgomento di Nur ed Din) *Su, svelto!*

Imbarazzato, Nur ed Din si cala i calzoni. Allora Zumurrud si avvicina al letto. Nur ed Din, che non l'ha riconosciuta, è preoccupato. La ragazza gli si sdraia accanto.

NUR ED DIN: *Ti prego! Non farmi troppo male!*

ZUMURRUD (indifferente alle suppliche): *Ti piacciono le poesie d'amore? Non ne hai mai sentita qualcuna, eh?* (Nur ed Din fa per volgersi dalla sua parte) *Non guardarmi!... Senti questa: «La peluria della prima barba ha scritto, come può scrivere un poeta, due righe col mirto sulle guance di un ragazzo. Come restano sbalorditi il sole e la luna quando gli appare, e che vergogna per i rami quando egli si piega»...*

Nur ed Din, che si aspettava un improvviso assalto, è stupito delle chiacchiere dell'amante.

ZUMURRUD: *...E la conosci quest'altra poesia?... Non mi guardare!.... «Gli parlai di farsi montare da me ed egli mi disse: quando la smetterai di offendermi? Ma quando gli mostrai un dinar, quel bel ragazzino mi guardò e disse: Se è destino che mi debba far montare da te, non mi posso sottrarre»... E non sai ancora quest'altra poesia?... Però non guardarmi!... «Il mio amore e grande e quel bel ragazzo allora mi disse: Dai dentro col tuo affare fino alle viscere e sii vigoroso!».*

Intanto, senza che Nur ed Din, sempre con la faccia voltata dall'altra parte, se ne sia accorto, Zumurrud si è spogliata nuda e sta accarezzando vogliosa il suo amante. Ma Nur ed Din non riesce a comprendere come mai l'altro non arrivi alla fine.

NUR ED DIN (dubbioso): *Ma non ti si drizza?*

ZUMURRUD: *Non mi si drizza se non me lo tocchi con le mani! Avanti, toccamelo* (per evitare che Nur ed Din si tiri indietro) *E sai cosa ti aspetta se non obbedisci. Su, dai!*

Nur ed Din è indeciso, e allora Zumurrud gli prende a forza la mano e se la porta tra le gambe. Nur ed Din tasta un po', poi sbotta:

NUR ED DIN: *Ma tu sei fatto come le donne!*

Questa scoperta provoca ben altri effetti.

NUR ED DIN: *E mi si sta drizzando il mio!*

Zumurrud allora si mette a ridere felice, gli butta le braccia al collo e si rivela, gettando via la corona e la barba dorata.

ZUMURRUD: *Amore mio, non mi riconosci? Sono la tua schiava!*

Nur ed Din è impazzito dalla gioia. Lancia un urlo.

NUR ED DIN: *Oh, Zumurrud! Zumurrud, amore mio!*

E si butta sopra di lei, mangiandola di baci, mentre mormora:

NUR ED DIN: *Lo sai? Anch'io la so una poesia: «Che notte! Dio non ne ha creato di eguali! Il suo inizio fu amaro, ma come dolce la sua fine!».*

Il fiore delle mille e una notte
Episodio tagliato

Scena 140
Strade città della Cina. Esterno. Giorno.

Un sarto e sua moglie rientrano in città, dopo una passeggiata, verso sera.
Sono tutti allegri e soddisfatti. La loro allegria e la loro soddisfazione aumentano quando vedono davanti a loro il più buffo gobbo della terra.
Egli, vedendosi allegramente osservato, diventa irresistibilmente allegro anche lui: e fa una capriola, eccitato come un ragazzino.
Il sarto e sua moglie non stanno più nella loro pelle, per la cosa curiosa che gli capita.

SARTO: *Vuoi venire a casa nostra a tenerci compagnia per cena?*

MOGLIE: *Vuoi?*

Il gobbo si contorce in un comico sorriso di timidezza, dimenandosi tutto: ma già si vede che la sua risposta è «sì».

GOBBETTO: *Sì!*

Scena 141
Casa del sarto. Interno. Sera.

I tre amici sono seduti a terra, sul pavimento nudo, intorno a una tovaglia dov'è imbandita una semplice e squisita cenetta: pesce fritto, pane, limoni e dolciumi.
Ridendo, la moglie del sarto prende una grossa fetta di pesce, e la ficca in bocca al gobbo, tappandogli la bocca

col palmo della mano.

MOGLIE DEL SARTO: *Devi ingoiarla tutta in una volta, guai a te se la mastichi!*

E ridendo lo minaccia. Ride ancor più vedendo la buffa smorfia del gobbetto che cerca di ingoiare il grosso boccone. Ma il riso le si spegne in viso quando vede che il gobbetto non gliela fa, certo per colpa di una spina, diventa paonazzo, strabuzza gli occhi, rantola:

GOBBETTO: *La spina!*

E cade a terra stecchito: il sarto lo guarda costernato con sua moglie.

SARTO: *Tutto è nelle mani di Dio. Questo disgraziato era destinato a morire qui, per causa nostra.*

MOGLIE: *Non perdiamo tempo, se non vogliamo finir male!*

SARTO: *E cosa devo fare?*

MOGLIE: *Avvolgilo in un panno di seta, prendilo in braccio, usciamo, tu avanti e io dietro, e se qualcuno ti chiede qualcosa di: «Questo è il nostro bambino, dobbiamo portarlo dal medico!».*

Scena 142
Strade città della Cina. Esterno. Giorno.

Il sarto cammina portando in braccio il gobbetto morto avvolto in un drappo di seta; la moglie gli va dietro alzando le sue lamentele:

MOGLIE: *Povero figlio mio! Dove ti fa male? Su, su, vedrai che guarirai presto! Oh poveri noi!*

La gente che passa, rada, nell'aria già buia, guarda compunta la scenetta, simpatizzando e facendo la faccia triste sospirando.
I tre giungono così davanti alla casa del medico. Bussano. Si affaccia la serva.

MOGLIE: *È il nostro bambino, prendi questi soldi e corri su dal tuo padrone e digli che scenda subito a curarlo!*

La serva scompare, e la moglie:

MOGLIE: *Metti qui il gobbo, e noi scappiamo:*

Il marito le obbedisce, appoggia il corpo del gobbo avvolto nel drappo di seta, e corre dietro la moglie, scomparendo dietro l'angolo della strada.

Scena 143
Casa medico ebreo. Interno. Notte.

Il medico ebreo sta cenando col suo gran naso dentro la ciotola. Entra la serva.

SERVA: *Padrone, ecco qui i soldi...*

Gli occhi del medico ebreo luccicano.

SERVA: *C'è giù un malato da curare...*

Il medico ebreo si alza di scatto, esce correndo e zoppicando fuori della sua stanzetta.

Scena 144
Casa medico ebreo. Esterno. Giorno.

Così di corsa il medico ebreo esce di casa, e urta con violenza il gobbetto che era stato appoggiato col suo drappo allo stipite della porta.

All'urto, il gobbetto morto cade ruzzolando per terra.

Il medico ebreo spaventato si china su lui, lo osserva, e capisce che è morto.

MEDICO EBREO: *È morto! L'ho ucciso io facendogli battere il capo per terra! Oh Signore, Dio mio, come faccio?*

E rientra in casa, prendendo in braccio il gobbetto col suo drappo svolazzante di seta.

Scena 145
Stanza moglie casa medico ebreo. Interno. Notte.

Il medico ebreo si precipita col gobbetto in braccio nella camera della moglie.

MEDICO EBREO: *Moglie mia, ho ucciso quest'uomo facendolo*

cadere per terra, come facciamo?

La moglie stava già dormendo, ma non si lascia prendere dal panico:

MOGLIE DEL MEDICO: *Se ce lo teniamo qui, siamo fritti. Portiamolo sul nostro terrazzo, e poi caliamolo giù nel cortile del nostro vicino musulmano, che è capocuoco della cucina del sultano, e perciò ha la casa piena di cani e di gatti, che mangiano gli avanzi. Se resta lì fino a mattina, si mangeranno anche questo disgraziato, e chi s'è visto s'è visto!*

Insieme prendono in braccio il gobbo, ed escono in fretta e in furia.

Scena 146
Terrazzi della casa del medico ebreo. Esterno. Notte.

Il medico ebreo e sua moglie trasportano faticosamente incespicando il gobbetto per i terrazzi e i terrazzini di casa. Poi, giunti sopra il cortile del vicino, lo calano piano piano, in modo che il gobbetto resta in piedi contro il muro. E spariscono nella notte, contro la luna piena.

Scena 147
Strade della città della Cina. Esterno. Notte.

Canticchiando una canzoncina, il capocuoco rientra a casa; supera il portoncino della casa del medico, si accosta al suo, lo apre, e sempre fischiettando spensierato, entra.

Scena 148
Casa del capocuoco. Interno. Notte.

Entra, e com'è nel corridoio che dà verso il cortile interno, prende una candela che tremola accesa: ma come fa due passi, scorge a quel debole lume davanti a sé la sagoma del gobbetto.

CAPOCUOCO: *Al ladro! Al ladro!*

Prende un randello ch'è lì accanto, e dà una violenta randellata sulla testa del gobbetto morto, che ruzzola per terra, sulla polvere illuminata della luna.

Il capocuoco si china su di lui, e vede che è morto.

CAPOCUOCO: *Ahi, ahi, per Allah! Non lo volevo uccidere! Non ti bastava essere gobbo, dovevi essere anche ladro e venire a rubare a casa mia!*

Ma non perde tempo: si carica il gobbetto nel suo drappo, e lo porta fuori di casa.

Scena 149
Strade città della Cina. Esterno. Notte.

Col gobbetto sulle spalle, il capocuoco corre e trotterella qua e là, non sapendo dove metterlo.

Passa davanti a un mercatino, tutto chiuso e illuminato dalla luna: si guarda intorno e depone il gobbetto dritto in piedi davanti alla porta di una delle bottegucce del mercato.

E scappa via.

Dall'altra parte del vicolo arriva un Cristiano: è ubriaco, barcolla, borbottando fra sé:

SENSALE CRISTIANO: *Un cesso, un cesso, dov'è un cesso in questa maledetta città!*

Finché non ne può più e si mette a pisciare proprio davanti al corpo del gobbetto.

Dapprincipio non lo realizza: poi, come in sogno lo vede davanti a sé, e preso da un pazzo spavento di ubriaco, comincia a riempirlo di botte, urlando:

SENSALE CRISTIANO: *Guardiano! Guardiano! Aiuto!*

Il gobbetto è rotolato per terra e il sensale cristiano gli è sopra, stringendolo per il collo.

Il guardiano del mercato, che dormiva tra le baracche, si sveglia, si stropiccia gli occhi, e vede la scena:

GUARDIANO: *Come? Un cristiano che riempie di botte un musulmano?*

E preso da sacro senso del dovere, corre a strappare il gobbetto dalle mani del cristiano: ma si accorge che è morto.

GUARDIANO: *L'hai ucciso, cane, figlio di cane, nipote di cane!*

Prende il cristiano e gli lega le mani sul dorso, mentre quello balbetta, ancora ubriaco:

SENSALE CRISTIANO: *Gesummaria, non sapevo di avere tanta forza, e di riuscire ad ammazzare un uomo con un pugno!*

Ma il guardiano lo trascina via di forza, lungo il mercatino dove sfolgora la luna.

Scena 150
Piazza della città della Cina. Esterno. Giorno.

Nel mezzo della piazza grande della città è stata allestita la forca.
Intorno è radunata la folla venuta ad assistere al supplizio.
In una tribuna c'è il re, col suo seguito: intorno i soldati.
Ed ecco che il colpevole viene trasportato con la forca: al povero sensale cristiano l'ubriachezza è passata da un pezzo, ed è ridotto uno straccio.
Il guardiano che lo ha arrestato, lo guarda passare stando con le braccia conserte, tutto fiero della propria azione benemerita.
Il cristiano viene condotto sotto la forca: le forze lo hanno abbandonato e gli aiutanti del boia devono reggerlo perché il boia possa passargli il cappio intorno al collo.
Tra la folla, però, c'è anche il capocuoco, che alla vista del cappio che passa intorno al collo dell'innocente, non sa resistere alla voce del dovere. Si fa largo tra la folla, e arriva sotto la forca, rivolgendosi al boia:

CAPOCUOCO: *No, non eseguire la sentenza! Ché sono stato io a uccidere il gobbetto!*

Ma tra la folla ci sono anche il medico ebreo e sua moglie: essi si lanciano una rapida occhiata e si capiscono. Anche in loro il senso del dovere ha vinto.

Si fanno largo tra la folla anch'essi, e giungono sotto la forca: dove il carnefice, il capocuoco e il sensale cristiano sono rivolti verso la tribuna del re.

MEDICO EBREO: *Non uccidete il capocuoco, ma uccidete me: perché sono io il colpevole!*

Adesso è la volta del sarto e di sua moglie: anch'essi si interrogano per un attimo con lo sguardo e prendono insieme l'eroica decisione.
Tenendosi per mano, giungono sotto la forca, e si rivolgono verso le autorità.

SARTO: *Quello che deve essere impiccato sono io, non il medico ebreo. Io ho fatto morire il gobbetto!*

Il re guarda quella strana compagnia sotto la forca: cosa deciderà? Può essere buono come una colomba o feroce come un lupo, secondo il destino. Egli è oscuro a se stesso. Forse neanche lui sa ciò che sta per dire aprendo la bocca.

RE: *Portateli tutti nel mio palazzo!*

Scena 151
Sala delle udienze palazzo del Re. Interno. Giorno.

Davanti al re, con intorno, gerarchicamente disposta, la sua corte, c'è il corpo morto del gobbetto.
Oltre il corpo del gobbetto, in fila, stanno il sarto e sua moglie, il medico e sua moglie, il capocuoco e il sensale cristiano.
Accanto al sarto, al medico, al capocuoco e al sensale, ci sono quattro soldati – quattro aiutanti del boia – con un coltellaccio in mano, la cui punta solletica la gola dei quattro malcapitati.
Il re li guarda: è amico? è nemico? Vuole la loro vita o la loro morte? Se ne sta seduto, raggomitolato sul trono, inespressivo come una bestia. Poi mormora a voce bassa.

RE: *Divertente la storia del corpo del gobbetto portato qua e là da un posto all'altro della città! Una storia veramente da ricordare nelle cronache del nostro tempo! Comunque sia, secondo me, la storia è stata ricostruita, voi siete tutti colpevoli. Avete tutti ammazzato questo povero gobbetto. Quindi siete tutti condannati alla forca...*

I colori della morte scendono sui volti dei quattro sventurati che non si possono muovere, con i coltelli dei soldati puntati sotto la gola.

RE: *Magari sarei disposto a perdonarvi...*

Gli occhi dei quattro malcapitati si accendono della luce della speranza.

RE: *...se almeno uno di voi tre mi raccontasse una storia che sia più divertente e curiosa di quella del gobbetto.*

La speranza negli occhi dei quattro si fa inquietudine, e l'inquitudine di nuovo speranza.

Si fa per primo coraggio il sensale cristiano, che può appena aprire e chiudere la bocca, parlando, a causa della punta del coltello contro la sua gola...

SENSALE CRISTIANO: *Ci proverò io, per primo, se permetti. O Principe dei Credenti...*

RE: *Parla...*

E si accomoda meglio sul trono, preparandosi a gustarsi una storiella più divertente di quella del gobbo.

SENSALE CRISTIANO: *Questa è la storia vera successa a un mio amico, che si chiamava Baqbaq...*

Scena 152
Strade della seconda città della Cina. Esterno. Giorno.

Baqbaq se ne sta andando per i fatti suoi, per i vicoli della città, pieni di gente.

Ma una vecchia lo osserva, e richiama la sua attenzione.

VECCHIA: *Pssst! Psst!*

BAQBAQ: *Eh?*

Con aria allegra e circospetta la vecchia gli si avvicina e

212

gli parla all'orecchio:

VECCHIA: *Vuoi divertirti?*

BAQBAQ (sospettoso): *Come?*

VECCHIA: *Vieni con me, ti porterò in una bella casa, dove c'è una bella ragazza...*

BAQBAQ: *Ma...*

E fa un gesto come per chiedere se si tratta di sborsare denaro.

VECCHIA: *No! No! No! L'unico patto è che tu stia zitto e non chieda nessuna spiegazione.*

BAQBAQ (deciso): *Andiamo!*

La vecchia s'incammina e Baqbaq le va dietro, finché arrivano davanti a un bel palazzetto sgattaiolandovi dentro.

Scena 153
Palazzetto della bella ragazza. Interno. Giorno.

La vecchia porta Baqbaq in una deliziosa stanza al cospetto di una bella ragazza circondata da quattro schiave che suonano.
Baqbaq si fa avanti, incerto, verso di lei, che gli allunga una coppa di vino. Baqbaq la beve e poi guarda interrogativo verso la ragazza, con un sorriso furbo ma ancora incerto.
La ragazza di colpo gli dà uno schiaffo così forte da fargli voltare la testa dall'altra parte.
Stordito, Baqbaq fa per protestare, ma la vecchia gli si avvicina rapida all'orecchio e gli bisbiglia:

VECCHIA: *Pazienta un po', per raggiungere il tuo scopo...*

Baqbaq si rassegna e ricomincia, sempre un po' incerto, a sorridere.
Allora le schiave gli vanno addosso e lo spogliano dei suoi vestiti, lasciandolo in mutande e costringendolo poi a inginocchiarsi.
Allora la bella fanciulla gli allunga un'altra coppa di vino,

213

lui la beve sulle difensive, aspettandosi un altro schiaffo. Ma lei invece stavolta prende un bastone e gli dà una gran legnata sul groppone.

BAQBAQ: *Ma...*

Ma la vecchia è già al suo orecchio che bisbiglia:

VECCHIA: *Ssst! Pazienta un po' se vuoi raggiungere il tuo scopo!*

Baqbaq si rassegna, e guarda di sotto in su la bella ragazza, cercando di capire le sue intenzioni.

BELLA RAGAZZA: *Adesso tosatelo e sbarbatelo che non voglio essere punta.*

Le schiave si gettano su di lui, si apprestano a tagliargli barba e capelli.

BAQBAQ: *No, no, no, non voglio essere disonorato!*

Ma la vecchia è su di lui e lo scuote per un braccio.

VECCHIA: *Stupido, pazienta ancora un po' se vuoi raggiungere il tuo scopo!*

Baqbaq ancora una volta si rassegna, osservando la bellezza della ragazza: e le schiave lo radono di tutti i suoi peli, comprese le sopracciglia. Appena pronto, e per di più rosso come un peperone, la ragazza lo guarda e si mette a ridere come una pazza.

BELLA RAGAZZA: *Sì, sì, il tuo buon carattere mi ha conquistata! Su, alzati e comincia a ballare!*

Le schiave cominciano a suonare e Baqbaq, con la faccia rossa e liscia come un sedere, e in mutande, comincia a ballare.
Come presa dall'entusiasmo, mentre balla, la bella ragazza gli butta addosso tutto quello che trova: arance, limoni, cedri, torte di miele e di pasta, e infine comincia a percuoterlo con un nerbo sulle gambe.

BAQBAQ (ballando): *Ma...*

VECCHIA: *Ssst! zitto, se vuoi raggiungere il tuo scopo!*

Ma la ragazza gli dà una bastonata così forte che Baqbaq cade per terra svenuto.
La bella ragazza, mentre Baqbaq è disteso a terra a gambe larghe, si spoglia tutta nuda.
Baqbaq rinviene e non crede ai suoi occhi.

VECCHIA (bisbigliando all'orecchio): *Te l'avevo detto io! Adesso ti spogli nudo anche tu, e poi fai bene attenzione − se vuoi raggiungere il tuo scopo... Come sarai nudo e pronto, lei farà finta di scappare, e tu dovrai correrle dietro, finché ti si sarà drizzato, e allora lei ti lascerà fare...*

Baqbaq ben felice, ubbidisce, e si toglie le mutande restando nudo anche lui. Allora la bella ragazza nuda comincia a fuggire per le stanze del palazzo, e Baqbaq nudo con l'affare ciondoloni, dietro di lei...
Ben presto eccitato dalla nudità della ragazza che gli mostra il deretano, fuggendo, a Baqbaq comincia a drizzarsi: finché egli diventa simile a un mandrillo, e insegue con ancora più foga la ragazza.
Questa aumenta la velocità, finché arriva davanti a una porticina, l'apre ed esce.
Baqbaq col coso dritto, dietro.

Scena 154
Mercatino seconda città della Cina. Esterno. Giorno.

La ragazza esce dalla porticina, che dà sul mercatino pieno di gente e bestie, ma rientra subito da un'altra porticina accanto alla prima, veloce come il fulmine, tanto che nessuno la vede.
Baqbaq invece schizza fuori della porticina e si trova di botto in mezzo al mercato.
Tutto nudo, col coso dritto, la faccia senza pelo e tutta rossa.
Si guarda intorno, per cercare la ragazza, e corre qua e là.
La gente lo vede strabiliata, e fa subito cerchio intorno a

lui, chi senza parole, chi ridendo come un matto, chi urlando contro di lui.

Finché tutti raccolgono sassi e cominciano a tirarglieli addosso: qualcuno cominicia a bastonarlo, riempiendolo di
improperi e dandogli dello svergognato.

Baqbaq scappa e la folla dietro urlando, e dandogli delle
grandi legnate sul groppone.

Scena 155
Sala delle udienze del palazzo del Re. Interno. Giorno.

Il Re ridacchia alla conclusione del racconto del sensale
cristiano:

RE: *Sì, sì, la tua storia è abbastanza divertente, ma non è più
divertente della storia del gobbetto. Credo che sarete tutti impic-
cati.*

Col coltello della guardia puntato contro la gola, prende
la parola allora il capocuoco.

CAPOCUOCO: *Posso provarci io, Principe dei Credenti, se lo
vuoi...*

RE: *Avanti, coraggio!*

CAPOCUOCO: *Anch'io ti racconterò una cosa successa veramente a un mio amico. Questo mio amico si chiamava Quffa
e aveva un asino.*

Scena 156
Strade della seconda città della Cina. Esterno. Giorno.

Quffa se ne va lungo i vicoli del mercato tirandosi dietro
pazientemente il suo paziente asinello.

All'angolo di un vicolo ci sono due giovani malandrini,
uno dei quali osserva con aria stranamente interessata il
buon Quffa e il buon somaro.

PRIMO MALANDRINO: *Voglio fregare il somaro a quell'uò-
mo!*

SECONDO MALANDRINO: *E come?*

PRIMO MALANDRINO: *Vieni dietro a me e vedrai.*

E si muove raggiungendo Quffa che si tira dietro l'asino.
Piano piano il malandrino toglie la cavezza all'asino, consegna l'asino al compagno e si infila la cavezza sulla propria testa, facendo la parte dell'asino senza che Quffa se ne accorga.

Appena il compagno si è dileguato con l'asino vero, dietro a un angolo, il primo malandrino si ferma, come un asino che si impunta: allora Quffa finalmente si volta, e al posto del suo asino vede sotto la cavezza un uomo. I suoi occhi si spalancano per lo stupore e la sua ingenua bocca mormora:

QUFFA: *E tu chi sei?*

PRIMO MALANDRINO: *Io sono il tuo somaro, e questa è la mia storia. Io avevo una buona madre, ma ero uno scioperato. Un giorno che ero ubriaco, lei mi fece: «Pentiti in nome di Dio». Allora io le diedi una bastonata, e lei mi maledì. Dio la ascoltò e mi trasformò in somaro. Ma oggi mia madre si è ricordata di me, e ha interceduto per me stesso presso Iddio: Lui l'ha accontentata, e mi ha fatto tornare com'ero prima.*

Quffa l'ha ascoltato a bocca aperta: e non ha buone ragioni per non credergli.

QUFFA: *Sia fatta la volontà di Dio! E perdonami se qualche volta ti ho trattato male!*

PRIMO MALANDRINO: *Sei perdonato!*

E il primo malandrino se ne va per la sua strada, lasciando Quffa ancora strabiliato; dopo un po' anch'egli se ne va per la sua, finché arriva davanti a casa ed entra.

Scena 157
Casa di Quffa. Interno. Giorno.

Quffa entra avvilito in casa e la moglie capisce subito che c'è qualcosa che non va.

MOGLIE: *Che cosa ti è successo? E dov'è il somaro?*

QUFFA. *Non era un somaro, era un uomo trasformato da Dio*

217

in somaro per punizione: ma poi Dio l'ha perdonato e l'ha fatto ritornare uomo!

MOGLIE: *Cosa? Poveri noi! Che castigo avremo da Dio! Che per tanto tempo ci siamo serviti di una creatura umana per somaro!*

A quelle parole, afflitto, Quffa sbotta a piangere.

Ma sua moglie gli asciuga le lacrime e lo consola.

MOGLIE: *Coraggio, marito mio! Faremo elemosine e invocheremo il perdono di Dio pregando! Ma adesso tu non puoi star qui senza far niente! Va al mercato, comprati un altro asino, e servitene per lavorare!*

Quffa accenna di sì col capo, ancora soffocato dal pianto, ed esce.

Scena 158
Mercato seconda città della Cina. Esterno. Giorno.

Quffa vaga per il mercato in cerca di un asino.

Finché vede un gruppo di gente intorno a un asino messo in vendita: quell'asino è proprio il suo.

Quffa lo guarda strabiliato, mentre un pensiero ancora confuso si fa largo nella sua mente.

Anche l'asino lo guarda negli occhi.

I due si guardano a lungo, riconoscendosi, infine Quffa dice all'asino a bassa voce:

QUFFA: *Sei tu?*

L'asino abbassa la testa: in segno di consenso o di vergogna?

Quffa allora gli si avvicina e gli parla all'orecchio, con l'aria di chi fa una romanzina:

QUFFA: *Eh, brutto lazzarone! Di certo hai ricominciato ad ubriacarti e a bastonare tua madre! Ma adesso fatti comprare da qualcun altro, che me non mi freghi più!*

E tutto soddisfatto si allontana per il mercato, con un sorriso furbo stampato sulle labbra e ripetendo sollevato tra sé:

QUFFA: *Me non mi freghi più! Me non mi freghi più!*

E ride con la sua bocca sgangherata e sdentata.

Scena 159
Sala delle udienze palazzo del Re. Interno. Giorno.

Il Re ride appena appena a questa storiella:

RE: *Beh, non c'è male. Ma non è certamente meglio di quella del gobbetto. Credo che dovrò impiccarvi tutti quanti...*

MEDICO EBREO: *No, Principe dei Credenti, adesso tocca a me!*

RE: *Parla... parla...*

MEDICO EBREO: *È una storia vera, capitata a un mio amico. Questo mio amico era un mendicante, e si chiamava Al Baqbuq... Era povero in canna e un giorno uscì in cerca di qualcosa per sbarcare il lunario...*

Scena 160
Strade della seconda città della Cina. Esterno. Giorno.

Al Baqbuq con una faccia di morto di fame, va in giro per il mercato girando intorno gli occhi in cerca di qualcosa da fare per guadagnarsi un boccone.
Intorno è tutto pieno di buona roba da mangiare e Al Baqbuq inghiotte amaramente saliva.
Finché giunge davanti a un bel palazzo, con davanti servi indaffarati: egli sta un momento incerto, poi si decide e si avvicina ai portinai.

AL BAQBUQ: *Non avete qualcosa da darmi da mangiare?*

PORTINAIO: *Entra in casa, e avrai dal padrone tutto quello che vuoi...*

E ride sotto i baffi.
Al Baqbuq lo guarda come se non credesse ai suoi orecchi: poi, benché tema di aver capito male, alza le spalle ed entra pieno di speranze.

Scena 161
Palazzo dell'uomo ricco. Interno. Giorno.

È una magnifica casa, e Al Baqbuq entra in punta di piedi, circospetto e un po' spaventato.
Gira un po' in mezzo a quel lusso, a caso, ed ecco che si imbatte in un uomo bello di volto e con bei vestiti.

UOMO RICCO: *Benvenuto nella mia casa! Chi sei e cosa cerchi?*

AL BAQBUQ: *Sono un disgraziato morto di fame... e vorrei qualcosa da mangiare...*

E detto questo guarda il signore con gli occhi buffi e supplichevoli di un ragazzino.

UOMO RICCO: *Come, io possiedo ogni ben di Dio, e tu niente? Vieni, accomodati, mangia con me!*

AL BAQBUQ: *Anche subito, perché ho una fame che non resisto più!*

L'uomo ricco si volta verso l'interno della casa:

UOMO RICCO: *Ragazzi, portate la bacinella e la brocca...*

Entra un servo con le mani vuote: il padrone fa il gesto di sciacquarsi ben bene le mani, e si rivolge a Al Baqbuq:

UOMO RICCO: *Su, fatti avanti e lavati le mani!*

Con la bocca aperta dallo stupore. Al Baqbuq non trova di meglio da fare che far finta anche lui di lavarsi accuratamente le mani, come il suo ospite.

UOMO RICCO (sempre rivolto ai servi): *Su, adesso portate la mensa!*

Entrano quattro cinque servi a mani vuote, e se ne vanno. Il padrone si mette a sedere davanti alla tavola immaginaria che finge abbiano portato i servi e comincia a gesticolare e muovere la bocca come se stesse mangiando.

UOMO RICCO: *Mangia, mangia! E non vergognarti! Lo so che sei morto di fame, e non me ne scandalizzo!*

Al Baqbuq fa di necessità virtù e, vincendo filosoficamente l'imbarazzo, fa finta anche lui di mangiare con grande appetito.

UOMO RICCO: *Mangia, mangia! Prendi di questo pane, guarda com'è bianco!*

AL BAQBUQ: *Non ne ho mai visto in vita mia di così bianco!*

E fa finta di mangiare voracemente un gran boccone che gli riempie la bocca.
Arrivano dei servi fingendo di depositare sulla mensa altre vivande.
Al Baqbuq finge di seguirli con gli occhi e di vedere tra le loro mani, negli immaginari vassoi, delle meravigliose leccornie. Si lecca le labbra mugolando di piacere.

AL BAQBUQ (mugola golosamente).

UOMO RICCO (con lepido orgoglio): *Eh! È uno stufato che non se ne trova neanche sulle tavole dei re! Mangia, mangia!*

E Al Baqbuq si rimpinza ghiottamente dell'immaginario stufato, godendone la squisitezza.
Anche il padrone mangia, con più calma, godendo del piacere dell'ospite più che del proprio. Mangiando i due si scambiano sorrisi gentili, come se la bontà di ciò che stanno mangiando non fosse esprimibile a parole.

UOMO RICCO (gridando ai servi): *Su, portate i polli imbottiti di pistacchi!*

Accorrono i servi con la nuova immaginaria portata.

UOMO RICCO: *Ecco, questa è certo una pietanza che non hai mai gustato prima d'ora!*

AL BAQBUQ: *E quando mai ho mangiato una cosa così?*

E alza gli occhi al cielo estasiato: poi si butta sul piatto della fantasia e comincia a mangiare a quattro palmenti fingendo di ungersi tutto e di ficcarsi in gola il cibo col dito.

UOMO RICCO (godendosi della mangiata dell'ospite): *Bravo, bravo, mangia, senza vergogna!*

Dopo gli ultimi avidi bocconi, Al Baqbuq alza il viso dal piatto, fa un piccolo rutto, si tappa delicatamente la bocca con la mano come per chiedere scusa; si dà un colpetto sulla pancia, come se fosse gonfia da non poterne più:

AL BAQBUQ: *Basta, non ne posso più!*

UOMO RICCO (gridando ai servi): *Il vino!*

Accorrono lievi i servi, con finte bottiglie preziose e finte coppe d'oro e d'argento, che fingono di riempire di vino. Il padrone fa il gesto di allungare a Al Baqbuq una coppa ricolma di vino, con delicatezza, come si fa per le cose rare e raffinate:

UOMO RICCO: *Prendi, prendi questo bicchiere, e assaggia!*

Al Baqbuq beve con religiosità quell'immaginario vino preziosissimo, da intenditore; ne è visibilmente estasiato. Il padrone finge di bere una coppa di vino di un'altra qualità e ne allunga di nuovo all'ospite, che ripete di nuovo la scena.

AL BAQBUQ (fingendo di essere già un po' brillo): *Non esistono vini più buoni di questi! Mi sembra già di essere nel Paradiso di Allah!*

E ridacchia come fanno gli ubriachi allegri. Il padrone finge ancora di mescergli vino e Al Baqbuq ingolla il nuovo immaginario bicchiere d'un fiato, e così per due o tre volte. Alla fine finge di essere completamente ubriaco, proprio ubriaco fradicio; e anche il padrone.
Ridono tutti e due guardandosi negli occhi, e poi ridendo ancora di più. Infine Al Baqbuq, fingendo di essere arrivato al colmo dell'ubriachezza, alza il braccio, e lascia andare una gran pacca sulla spalla del suo ospite.

UOMO RICCO: *Ahi!*

Ma al Baqbuq, completamente andato, non realizza il lamento, fatto sul serio dell'ospite, e continua a dargli manate e pacche sulle spalle, con tutta la sua forza.

AL BAQBUQ: *Tu sei un vero grande amico, un vero grande amico!*

E giù manate e pacche a tutta forza: e in conclusione, gridando con sviscerato effetto.

AL BAQBUQ: *Bello il padrone mio!*

Gli dà una manata in faccia da fargli voltare la testa dall'altra parte.
L'uomo ricco allora s'infuria:

UOMO RICCO (arrabbiato sul serio): *Lurido morto di fame, cosa stai facendo!*

AL BAQBUQ (fingendo di essere sempre ingenuamente ubriaco): *Eh, cosa volete, signore, voi avete invitato alla vostra mensa un cialtrone, e un cialtrone non può comportarsi altro che da cialtrone! Ma voi siete troppo superiore a lui per non perdonarglielo!*

L'uomo ricco guarda per un istante a fondo negli occhi al Baqbuq che sostiene lo sguardo. Con quello sguardo si sono detti tutto. Il padrone sorride, batte le mani, e chiama i servi.

UOMO RICCO: *Ehi, ragazzi!*

Stavolta i servi entrano in fila portando ogni ben di Dio: *vero* pollo, *vero* stufato, *vera* frutta, *vero* vino, in *veri* vassoi d'oro d'argento di porcellana. E depongono tutto *veramente* davanti a Al Baqbuq, che si frega felice le mani, sotto lo sguardo felice del suo ospite, e comincia a mangiare, a mangiare con gli occhi ridenti, il viso unto e le guance così gonfie che gli scoppiano.

Scena 162
Sala delle udienze del palazzo del Re. Interno. Giorno.

Il Re ha gli occhi sorridenti, e si liscia il mento.

RE: *Sì, sì, non c'è dubbio che la tua storia, ebreo, è spiritosa e aggraziata. Ma non è superiore a quella del gobbetto. Temo che proprio...*

E fa il segno di chi è impiccato.

SARTO: *Resto ancora io, Principe dei Credenti...*

RE: *Ti ascolto e ti giudico con imparzialità...*

SARTO: *Sì, ma anche con pazienza. La mia storia infatti non riguarda un mio amico, ma coinvolge una città intera, e non potremo cavarcela in quattro e quattr'otto... Io non sono un artigiano che dipinge un vaso, ma un pittore che dipinge una parete!*

Scena 163
Bagdad. Esterno. Interno. Giorno.

È mattina. Le strade della città sono ingombre di venditori che vanno girando con i loro muli carichi di mercanzia. La gente cammina veloce per andare al lavoro. Le donne vanno a fare la spesa, tutte velate, nere come corvi. Si vedono solo le mani che stringono i manici di grosse sporte cariche di roba.

Si sentono dei colpi di tamburo. Molti si fermano incuriositi. Altri si voltano un momento e riprendono a camminare. I mercanti si affacciano sulla pota dei negozi. Il tamburo annuncia un proclama reale.

Improvvisamente, da dietro un angolo, si vede sbucare un gruppo di persone a cavallo precedute da un banditore col tamburo. Sono i nuovi capi della polizia di Bagdad, Ahmad ed Danif e Hasan Shumàn. Intorno a loro giovani poliziotti vestiti di bianco, con turbanti immacolati e spade infilate nella cintura.

BANDITORE: *Per decreto del califfo, da oggi, primo giugno, non vi saranno altri capitani in Bagdad che Ahmad ed Danif per la parte destra e Hasan Shumàn per la parte sinistra.*

Quando il banditore fa il nome dei capi della polizia, i due rivali si guardano, e i loro occhi esprimono orgoglio, spregiudicatezza, brutalità.

Ed Danif è grasso, robusto e panciuto, Shumàn è secco, asciutto e allampanato.

Essi debbono essere ubbiditi e a loro si deve assoluto rispetto.
chi trasgredirà agli ordini del califfo sarà condannato a morte
per crocifissione.

Il corteo dei cavalieri passa, e se ne va per altri vicoli sollevando un polverone.

Scena 164
Casa di Dalila. Interno. Giorno.

Dalida vive con la figlia Zainab, in una casa grande ma quasi priva di mobili.
Zainab è intenta a fare il pane. Dalila se ne sta seduta davanti alla finestra e guarda quello che succede in strada.
Si sente ancora il suono del tamburo che annuncia l'insediamento dei nuovi due capi di polizia.

DALILA: *Ahmad ed Danif è quello che è scappato dal Cairo perché lo volevano impiccare. Shumàn invece ne ha fatte tante a Bagdad, che è diventato intimo del califfo. Ora li fanno capitani. Certamente prendono più di mille dinar al mese. E noi siamo qui in questa casa nuda, senza soldi e senza rispetto.*

Mentre Dalila parla, Zainab che è completamente scema, prende la pasta del pane, ne fa delle pallottole e le butta in strada da un'altra finestra.

DALILA: *A che è servito aver un marito che è stato capitano di Bagdad e prendeva mille dinar al mese!*

Dalila si accorge di quello che sta facendo la figlia.

DALILA: *...ma che fai, sciagurata! Corri in strada a raccogliere il pane!*

Zainab esce.
Dalila si veste da asceta, correndo ogni tanto alla finestra a guardare la figlia.
Infila un vestito bianco lungo fino al tallone. Mette una giubba di lana bianca e sopra una larga cintura di ferro e corda. Si copre la faccia con un velo bianco.
Si lega attorno ai fianchi un rosario grosso quanto un carico

di legna da ardere.

DALILA: *Li imbroglierò quei due. Li svergognerò. Non meritano lo stipendio che hanno. Dimostrerò che sono più brava di loro.*

Infine monta uno stendardo fatto con canne incastrate l'una nell'altra e in cima vi attacca una bandiera di stracci gialli e rossi.
Entra Zainab con le pallottole di pane tutte sporche di terra strette fra le braccia, ridendo felice.

DALILA: *Questo pane sporco lo mangi tu. Io no. Ti saluto, Zainab, stai buona. Non aprire a nessuno. Hai capito? A nessuno.*

La figlia ride. Dalila le dà un bacio ed esce.

Scena 165
Città di Bagdad. Esterno. Giorno.

Dalila cammina adagio, battendo il bastone per terra e gridando:

DALILA: *Allah! Allah!*

La gente si scosta con rispetto per farla passare.
Dalila si infila dentro vicoli bui, in mezzo a case povere, negozi.
Arriva nella parte più ricca della città. Imbocca una strada pulita e tranquilla.
Arriva davanti a una casa che ha la soglia lastricata di marmo, la porta di alabastro e le finestre piene di fiori.
Dalila si ferma davanti alla casa. Alza gli occhi e vede proprio sopra di lei una donna riccamente vestita affacciata alla finestra.
Dalila contempla un momento ammirata il vestito costoso, i gioielli che adornano il collo, il petto, le orecchie, i capelli della donna e poi dice a se stessa.

DALILA: *Dalila, se non riesci a tirar fuori questa donna dalla casa di suo marito, a spogliarla delle cose preziose e dei vestiti, non sei più Dalila!*

Intanto la donna si mette a guardare la mendicante con curiosità.

DALILA: *Venite, o amici di Allah! Lasciate le ricchezze di questa terra che sono uguali a cenere e venite a godere del nome di Allah!*

Intanto altre donne si affacciano alle finestre delle case vicine, mostrando subito rispetto e simpatia per la vecchia asceta.

UNA VICINA: *Date una provvigione a questa donna, per grazia di Allah!*

ALTRA VICINA: *La sua faccia manda luce come la luna!*

ALTRA VICINA: *Khatum, tu che sei ricca, dalle dell'oro!*

DALILA: *Non voglio oro, figlie di Allah, ma solo un poco d'acqua.*

KHATUN (dalla finestra): *Entra da me, pellegrina. Ti darò tutta l'acqua che vorrai.*

Scena 166
Casa dell'Emiro (Khatum). Interno. Giorno.

Khatun, che è donna giovane e bella, si dirige verso Dalila, le prende la mano e gliela bacia con devozione.

DALILA: *Figlia mia, sono venuta da te solo per consiglio divino.*

Khatun batte le mani e fa venire una schiava.

KHATUN (alla schiava): *Porta una tazza di miele al gelsomino, e delle pere moscate e del latte di capra e delle uova d'oca.*

La schiava scappa via.

DALILA: *Figlia dolce, io non mangio che cibo del paradiso.*

KHATUN: *Cosa devo darti per accontentarti?*

DALILA: *Il mio cibo sono le preghiere. Per me è sempre digiuno, salvo cinque giorni l'anno, durante i quali mangio un po' di acqua e cacio. Ma ti vedo turbata, figlia. Che hai?*

KHATUN: *Infatti madre mia sono inquieta.*

DALILA: *Dimmi la ragione. Allah mi ha mandata a te per*

questo.

KHATUN: *Devi sapere che la notte delle nozze ho fatto giurare a mio marito che non avrebbe sposato altra donna all'infuori di me. Ma ora, dopo tanti anni di matrimonio, vedendo che tutti fanno figli e se ne rallegrano, gli è venuto il desiderio di fare un figlio pure lui. Così mi ha rimproverata di essere sterile. Ma io gli ho risposto che sterile è lui che ha lo sperma diluito. Allora è partito in viaggio dicendo che quando tornerà si prenderà un'altra moglie. E io sarò ripudiata. Che devo fare?*

DALILA: *È tanto semplice. Conosci il mio sceicco Abu'l Hamalat?*

KHATUN: *No.*

DALILA: *È un uomo santo che fa miracoli. Se uno ha un debito e va da lui, glielo toglie. Se una donna è sterile, la rende fertile. Ne hai sentito parlare?*

KHATUN: *Madre, io da quando sono sposata non sono uscita nemmeno per condoglianze o congratulazioni.*

DALILA: *Ti porterò io se vuoi.*

KHATUN: *Aspetta che vado a mettermi un vestito più comodo, da viaggio. Mi levo tutti questi gioielli che fanno peso.*

DALILA: *Ma no, figlia cosa dici? Vuoi mancare di rispetto allo sceicco Abu'l Hamalat? Devi presentarti a lui con i migliori abiti e i più costosi gioielli. Anzi, vai a metterti qualche altro braccialetto. Devi risplendere come una regina.*

Khatun, tutta contenta, ubbidisce.
Dalila si rimette il velo sulla faccia.

Scena 167
Strade di Bagdad. Esterno. Giorno.

Dalila cammina avanti e Khatun dietro. Le due donne attraversano molte strade, prima solitarie e poi affollate, fino a che non giungono al bazar.

Mentre camminano, tutti si voltano a guardare Khatun che è vestita come una regina. Gli anelli che porta alle caviglie risuonano e le trecce tintinnano per le monete che vi stanno attaccate.

All'inizio del bazar Dalila si accorge che un giovane mercante Sidi Hasan, bello come la luna, sta guardando Khatun con desiderio.

Allora si ferma. Aspetta di essere raggiunta da lei. E poi le dice.

DALILA (a Khatun): *Siedi qui e aspettami finché non ritorno.*

Fa sedere Khatun di fronte al negozio di Sidi Hasan il quale subito si mette a sospirare d'amore.

Poi Dalila attraversa la strada e va a parlare con Sidi.

DALILA (a Sidi): *Ti chiami Sidi Hasan?*

SIDI: *Sì.*

DALILA: *Non sei figlio del mercante Mushin?*

SIDI: *Chi ti ha detto il mio nome?*

DALILA: *Ti hanno segnalato a me dei benefattori. La vedi quella donna che sta seduta dall'altra parte della strada?*

SIDI (sospirando): *Sì, la vedo. È bella come la luna piena.*

DALILA: *È mia figlia. Suo padre era un mercante e morendo le lasciò molto denaro. Ora lei ha raggiunto la pubertà e i saggi dicono: cerca marito a tua figlia e non moglie a tuo figlio. Mia figlia in vita sua non è mai uscita prima di oggi. Ma Allah in sogno mi ha avvertito che è giunto il momento di sposarla e mi ha indicato come sposo proprio te. Se sei povero ti darò dei soldi, ti arricchirò il negozio.*

SIDI: *Vieni proprio al momento giusto. Mia madre da tempo mi dice: voglio darti moglie. Ma io le rispondo sempre: sposerò una donna solo dopo averla vista e amata.*

DALILA: *Alzati in piedi e seguimi! Te la farò vedere nuda.*

SIDI: *Aspetta, prendo dei denari per le spese del contratto nuziale.*

DALILA: *Cammina a dieci passi da lei. Ma non perderla d'occhio.*

Il giovane si mette a camminare dietro Khatun che cammina dietro a Dalila.

DALILA (a se stessa): *Adesso dove li porto questi due scemi per spogliarli dei loro vestiti? Trova un posto Dalila, ma subito che si fa tardi!*

Scena 168
Strada di Bagdad. Tintoria. Esterno. Giorno.

Camminando in questo modo, uno dietro l'altro, passano davanti al negozio di un tintore.

Il tintore alza gli occhi al tintinnio dei monili di Khatun.

Sta tingendo dei panni con l'aiuto di uno schiavo.

TINTORE: *Lode ad Allah! Alza gli occhi Abu e rallegrati il cuore!*

Lo schiavo alza gli occhi dalla tintura. Guarda la ragazza e dietro di lei il bellissimo giovanotto.

TINTORE: *Non so se è più bella lei o lui. Sembrano il sole e la luna. Mi taglierei una mano per averli nel mio letto, la luna davanti e il sole dietro, che ne dici, Abu?*

Mentre il tintore parla con Abu, Dalila si accorge della sua attenzione e si dirige decisamente verso di lui.

DALILA: *Sei tu Hagg Muhammad il tintore?*

TINTORE: *Sì, sono io. Che cosa vuoi?*

DALILA: *Delle persone benefattrici ti hanno indicato a me. La vedi quella bella ragazza? E quel ragazzo bellissimo che la segue? Sono mia figlia e mio figlio. Li ho allevati spendendo un mucchio di soldi per la loro educazione. Abbiamo una grande casa ben fornita di tutto ma da qualche tempo scricchiola e sembra che debba cadere. L'ho messa in mano agli ingegneri. Ma finché non hanno finito i lavori sono senza casa. Dei benefattori mi hanno detto che tu potresti ospitarci.*

TINTORE (con malcelato entusiasmo): *I benefattori hanno*

detto bene. Metto la casa a tua disposizione. Eccoti le chiavi.

DALILA: *La casa dove sta?*

TINTORE: *Qui dietro l'angolo. La quarta porta dopo il venditore d'aglio.*

DALILA: *Bene, figli, andiamo.*

Dalila si rimette in cammino, sempre seguita dai due ragazzi.

Scena 169
Vicolo casa tintore. Esterno. Giorno.

I tre arrivano alla casa del tintore. Dalila apre la porta con la chiave.

DALILA (a Khatun): *Questa è la casa dello sceicco che ti dicevo e che ti toglierà la sterilità. Sali al piano superiore, togliti il velo e aspetta che io torni.*

La ragazza sparisce dentro la casa.

Intanto arriva il ragazzo.

DALILA (a Sidi): *Entra, figlio e siediti nel salone, al pianterreno. Fra poco io verrò da te con mia figlia.*

Il ragazzo sparisce dentro casa, e Dalila lo segue.

Scena 170
Casa del tintore. Interno. Giorno.

Dalila lascia il ragazzo nel salone al pianterreno e sale su dalla ragazza borbottando tra sé:

DALILA: *E adesso devo trovare il modo di spogliare nuda la ragazza!*

Appena la vede:

DALILA: *Figlia mia, vuoi visitare lo sceicco?*

KHATUN: *Sì, madre.*

DALILA: *Purtroppo c'è un guaio. Non so se si potrà.*

KHATUN: *Di che si tratta?*

DALILA: *C'è qui un mio figliolo, un imbecille che non distingue l'estate dall'inverno e se ne va sempre nudo. È talmente ingordo di gioielli che appena vede una donna con gli orecchini, è capace di staccarle le orecchie per impadronirsene. Ho paura che faccia lo stesso con te.*

KHATUN: *Ma non si può trovare un rimedio, madre? Io vorrei fare la visita allo sceicco Abu'l Hamalat.*

DALILA: *Un rimedio c'è. Togliti i gioielli e i vestiti ricamati in modo che io te li conservi finché non sarai stata dallo sceicco.*

Khatun, paziente e ingenua, si toglie tutti i gioielli, poi si spoglia. Mano mano che si toglie la biancheria, Dalila vede che porta capi ricamati d'oro e la incita a toglierseli.

KHATUN (indicando la camicia): *Anche questo?*

DALILA: *Sì.*

KHATUN (indicando le mutande): *Anche questo?*

DALILA: *Ma certo.*

Quando la ragazza rimane nuda, Dalila prende tutto e facendone un fagotto se lo porta via.

Scena 171
Casa del tintore. Salone. Interno. Giorno.

Dalila ridiscende nel salone dove c'è Sidi che aspetta.

SIDI: *Dov'è tua figlia? Sono impaziente di vederla.*

DALILA: *Possa crepare il cattivo vicino.*

SIDI: *Che succede?*

DALILA: *Ti hanno visto entrare in casa mia. Sono stati presi dall'invidia per la tua bellezza e hanno detto a mia figlia: «tua madre si è stancata di mantenerti e pur di disfarsi di te, ti sposa a un lebbroso». Perciò le ho giurato che prima di sposarti ti avrei mostrato nudo.*

SIDI: *Morte agli invidiosi! Non ho niente da nascondere, madre mia!*

DALILA: *E tu togliti questa pelliccia di martora, togliti questa camicia ricamata e questa cintura preziosa e questo pugnale e tutto. Io riporrò ogni cosa in luogo sicuro.*

Il giovane si spoglia nudo, e consegna la sua roba a Dalila. Dalila chiude a chiave la porta di casa e se ne va con la refurtiva.

Scena 172
Strade Bagdad. Tintoria. Esterno. Giorno.

Dalila torna dal tintore che la sta aspettando.

TINTORE: *Col volere di Allah, spero che la casa vi sia piaciuta.*

DALILA: *È una casa benedetta da Dio. Domani verrò coi facchini a portare la roba e i mobili.*

TINTORE: *E i vostri figli?*

DALILA: *I miei figli hanno voglia di pane e carne. Prendi questo dinar, tintore, e procura loro da mangiare.*

TINTORE (tutto felice, leccandosi i baffi): *Io vado. Ma chi custodirà la tintoria mentre io sarò al mercato?*

DALILA: *Io la custodirò tintore. Non ti fidi di me?*

TINTORE: *Vado subito.*

Il tintore prende la moneta che Dalila gli porge e se ne va al mercato.
Dalila arraffa tutto quello che c'è di prezioso nella tintoria, e ne fa diversi fagotti. Ma poi non sa come fare per portarseli via.
Si affaccia sulla strada e vede proprio lì accanto un asinaio col suo asino che aspetta clienti.

DALILA: *Asinaio! Vieni qui!*

ASINAIO: *C'è qualcosa da caricare?*

DALILA: *Conosci mio figlio il tintore?*

ASINAIO: *Lo conosco un poco.*

DALILA: *È un disgraziato, uno senza testa. Ha più debiti da pagare che capelli in testa. È stato in prigione tante volte. E io l'ho liberato sempre, pagando per lui le spese. Ma ora non ho più niente e voglio dimostrare la sua insolvenza. Per cui restituirò la roba ai legittimi proprietari. Prendi questo dinar e avvicina l'asino che carichiamo la roba.*

L'asinaio entra nel negozio, carica i fagotti e li lega sulla groppa dell'asino.
Dalila prende la bestia per la cavezza.

DALILA: *Io vado e torno. Tu intanto prendi la sega e sega questi pali. Poi rompi le giarre, vuotale, rovescia e spacca tutto in modo che se viene il Cadi per una perizia non ci trova niente.*

Dalila si allontana con l'asino carico di roba rubata.

Intanto si sentono i colpi di ascia dell'asinaio che sta distruggendo la bottega del tintore.

Scena 173
Casa di Dalila. Interno. Giorno.

Dalila bussa.
Zainab guarda sotto la porta. Vede i piedi dell'asino, è presa da una improvvisa paura, e non apre.

DALILA: *Apri, stupida, sono io! Di che hai paura?*

Zainab apre piano piano roteando gli occhi spaventati.

DALILA: *Tua madre ha messo nel sacco quattro persone, Zainab: la moglie del capo degli uscieri di corte, il figlio di un mercante, un tintore e un asinaio.*

Zainab comincia a ridere, a ridere buttando la testa all'indietro, e rotolandosi per terra come un'indemoniata.

Scena 174
Tintoria. Esterno. Giorno.

Il tintore ritorna verso la bottega con un vassoio sulla testa coperto da un telo bianco.

Cammina tutto soddisfatto e allegro con l'idea che fra poco raggiungerà i due ragazzi di cui è infatuato.

A pochi passi dalla bottega alza gli occhi e vede l'asinaio che sta distruggendo i suoi averi con grande energia.

TINTORE: *Fermati, asinaio! Che fai, per amore di Allah!*

ASINAIO: *Sia lodato Iddio per la tua salvezza!*

TINTORE: *Che fai? Che è successo?*

ASINAIO: *Non sei stato dichiarato fallito e le prove della tua insolvenza non sono state messe per iscritto?*

TINTORE: *Chi te l'ha detto?*

ASINAIO: *Tua madre me l'ha detto. E mi ha incaricato di rompere le giarre e vuotare le tinozze perché se viene il Cadi non trovi niente da sequestrare.*

TINTORE: *Che Iddio ti fulmini, asinaio! Mia madre è morta da dieci anni.*

ASINAIO: *Allora anche il mio asino è perduto! Ahi il mio asino, tintore!*

TINTORE: *La colpa è tua, asinaio della malora. Vai, corri e riportami qui la donna!*

ASINAIO: *Riportamela tu!*

I due si prendono a pugni. La gente si raduna attorno a loro, gridando, commentando, ridendo.

Scena 175.
Casa tintore. Interno. Giorno.

In una camera c'è Khatun nuda che aspetta.
In un'altra stanza c'è Sidi nudo che aspetta.
Infine Khatun, spazientita, si alza, si avvicina alla porta.
Ascolta per sentire se di là c'è qualcuno, ma non sente niente.
Apre piano piano la porta.
Sidi si alza e le va incontro.

Lei lo prende per lo sceicco e lui per la donna che deve sposare.

KHATUN: *Che Allah vi protegga, sceicco Hamalat!*

Khatun si china e le bacia la mano.

KHATUN: *Sono sterile e vorrei fare un figlio.*

SIDI: *Io non sono lebbroso, guarda.*

Le mostra il proprio corpo, avvicinandole le braccia alla faccia, mostrandole la schiena, le gambe.

KHATUN: *Potrò fare un figlio, sceicco?*

SIDI: *Faremo una montagna di figlio, amore mio.*

Sidi abbraccia Khatun. Ma lei si scosta.

KHATUN: *Che razza di sceicco sei?*

SIDI: *Io non sono affatto sceicco. Sono il tuo promesso sposo. Dov'è tua madre?*

KAHTUN: *Mia madre è morta l'anno scorso.*

SIDI: *Allora quella donna è un'imbrogliona e se n'è andata con la mia roba. Restituiscimi subito tutto, la colpa è tua!*

KHATUN: *La colpa è tua, bestia!*

Litigano.
Nel frattempo si sente aprire la porta ed entra il tintore, seguito dall'asinaio.

TINTORE: *Eccoli! Dov'è vostra madre! Ci ha raggirati!*

KHATUN: *Ha raggirato anche noi.*

SIDI: *Ci ha portato via i vestiti e i gioielli.*

Fanno un gran chiasso parlando tutti insieme. Infine decidono di unirsi per andare a cercare la vecchia.

TINORE: *Andiamo a cercare la vecchia! Voi due infilatevi queste camicie e usciamo!*

Scena 176
Sede capo polizia. Interno. Giorno.

Il gruppo entra dal capo della polizia Ahmed ed Danif,

che se ne sta indolente e pigro semisdraiato sul tavolo. Considera i nuovi venuti come degli scocciatori e cerca di liberarsene al più presto.

CAPO POLIZIA: *Che cosa vi è successo?*

KHATUN: *Sono stata imbrogliata... perché io sono sterile e volevo un figlio, quindi...*

SIDI (interrompendola): *Io sono un mercante, me ne stavo seduto al mio negozio a vendere la mia merce...*

TINTORE: *A me ha rovinato il negozio!*

ASINAIO: *Mi ha portato via tutto quello che avevo.*

CAPO POLIZIA: *Ma chi?*

KHATUN: *La donna.*

SIDI: *La vecchia.*

TINTORE: *L'imbrogliona.*

CAPO POLIZIA: *Quante mai vecchie ci sono in città! Non potrò mica metterle tutte in prigione! Andate voi a cercarla. E poi ci penserò io a farla parlare!*

Scena 177
Casa Dalila. Interno. Giorno.

Dalila si sta vestendo da serva.

Zainab la guarda e ride.

DALILA: *Aiutami, no, invece di ridere, scema!*

Zainab fa per aiutarla, ma ogni gesto che fa le viene da ridere.

La sua risata è sciocca, infantile, contagiosa.

DALILA: *Mi raccomando, non aprire a nessuno!*

Zainab guarda la madre travestita da serva e riprende a ridere, irrefrenabilmente, idiotamente.

Scena 178
Casa matrimonio. Esterno. Giorno.

Dalila cammina per la strada, guardandosi intorno alla ricerca di qualche imbroglio da combinare.
Arriva in un vicolo in cui ci sono dei tappeti stesi per terra e delle lampade a olio appese alle pareti.
Si ferma sentendo dei canti e dei rulli di tamburelli.
Si avvicina alla casa. Sulla porta vede una schiava che tiene sulla spalla un bambino vestito riccamente: calzoni ricamati d'argento, fez coronato di perle, una giubba di velluto incrostata di pietre preziose, e collana d'oro.
Dalila le si avvicina come se niente fosse.

DALILA: *Che festa c'è oggi dalla tua padrona?*

SCHIAVA: *Oggi si celebra il fidanzamento della figlia. In casa ci sono le cantatrici e le pettinatrici.*

DALILA (a se stessa): *Dalila, non sei tu se non riesci a spogliare questo bambino!* (a voce alta alla schiava) *Prendi questo dinar, vai dalla tua padrona e dille: c'è fuori Khair a cui tempo fa hai fatto dei favori. Ora ti manda questo dinar per le pettinatrici. Il giorno delle nozze verrà con altri doni. Vai, corri.*

La schiava prende il dinar e fa per andarsene.

SCHIAVA: *E il bambino dove lo lascio?*

DALILA: *Te lo tengo io.*

Dalila, appena la schiava si è allontanata, spoglia in fretta e furia il bambino, che si lascia fare dolcemente. Fa per andarsene, ma poi cambia idea.

DALILA (a se stessa): *Troppo facile, Dalila! Se sei veramente brava devi ricavare altri mille dinar da questo bambino!*

Afferra il bambino tutto nudo, se lo mette sulle spalle e va.

Scena 179
Negozio gioielli. Esterno. Giorno.

Il gioielliere se ne sta accovacciato a lavorare una spilla

d'oro. Davanti a lui c'è un paniere fatto di rami di palma pieno di gioielli.
Dalila si ferma davanti a lui col bambino.

GIOIELLIERE: *Che cosa vuoi?*

DALILA: *Sei tu mastro Ezra l'ebreo?*

GIOIELLIERE: *Sì, sono io.*

DALILA: *Riconosci questo bambino?*

GIOIELLIERE: *Sì, è il figlio del capo del sindacato, che abita qui dietro, vicino al bagno.*

DALILA: *Oggi si celebra il fidanzamento della figlia del capo del sindacato, la sorella di questo bambino. La madre mi ha mandato a prendere dei gioielli per lei e per lo sposo.*

GIOIELLIERE: *Cosa desidera?*

DALILA: *Dammi due paia di anelli d'oro per le caviglie, quattro paia di bracciali d'argento, una collana di perle cinesi, una cintura incrostata di pietre dure, un anello sigillo e due anelli di rubino.*

GIOIELLIERE: *Qui c'è roba per mille dinar.*

DALILA: *Non è sicuro che la mia padrona voglia comprare tutto. Vado a mostrarle la roba e torno. Ti lascio in pegno il bambino.*

GIOIELLIERE: *Sia come vuoi.*

Dalila lascia il bambino sul banco del gioielliere e se ne va portandosi i gioielli.

Scena 180
Casa Dalila. Esterno. Giorno.

Dalila cammina veloce e tranquilla, senza paura.
Bussa alla porta di casa sua.
Zainab apre.
Dalila entra.

Si sente dentro Zainab che ride.

RISATA DI ZAINAB.

Scena 181
Casa matrimonio. Esterno. Giorno.

La schiava entra nel salone dove si sta festeggiando il fidanzamento.

Si avvicina alla padrona di casa e le porge il dinar.

SCHIAVA: *C'è giù una donna chiamata Khair che mi ha detto di darti questo dinar per i benefici che le hai fatto.*

La padrona prende il dinar e lo dà alle cantatrici. Poi si rivolge alla schiava.

PADRONA: *E dov'è il tuo padroncino, Manar?*

SCHIAVA: *L'ho lasciato con Khair.*

La padrona si affaccia alla finestra e non vede né il figlio né la donna.

Si slancia contro la schiava e la prende a schiaffi.

PADRONA: *Sgualdrina! Megera! Delinquente! Corri a cercare il tuo padrone. E se non lo trovi ti taglio la testa!*

Entra il padrone.

PADRONE: *Che c'è qui da strillare tanto?*

PADRONA: *Questa idiota ha regalato tuo figlio a una strega e lei certamente a quest'ora lo sta tagliando a pezzi per divorarlo.*

Il padrone, la schiava e alcuni invitati corrono fuori di casa alla ricerca del bambino.

Scena 182
Negozio gioielliere. Esterno. Giorno.

Il gruppetto del padre e degli invitati passa davanti al banco del gioielliere. Vedono il bambino tutto nudo seduto sul banco. Il padre si precipita a prenderlo.

Se lo mette in braccio e fa per andarsene. Il gioielliere lo prende per la manica.

GIOIELLIERE: *Che Iddio aiuti il califfo contro di te!*

MERCANTE: *Cosa vuoi?*

GIOIELLIERE: *La tua schiava ha preso da me gioielli per mille dinar lasciandomi in pegno questo bambino. Se vuoi il bambino dammi i soldi!*

MERCANTE: *Mia figlia non ha bisogno di gioielli!*

GIOIELLIERE: *Allora restituiscimeli!*

I due cominciano a litigare. Si raduna folla. C'è chi parteggia per il mercante e chi parteggia per il gioielliere.
In quel momento arriva l'altro gruppo di persone che stanno cercando la vecchia Dalila. Si avvicinano per vedere cosa succede.
Sentono parlare di una vecchia.

SIKDI: *È sempre lei. È quella che ha truffato anche noi. Dov'è?*

GIOIELLIERE: *È scappata.*

TINTORE: *Andiamo a cercarla. Da qualche parte si troverà. Voglio torcerle il collo con le mie mani!*

Quindi il gruppo si ingrossa. Ci sono l'asinaio, il tintore, Sidi (Khatun è tornata a casa), il gioielliere.
Partono tutti insieme alla ricerca della truffatrice.

ASINAIO: *Se usciamo tutti insieme, ci vedrà prima lei che noi. Sarà meglio dividersi e setacciare la città. Ci vedremo questa sera alla bottega del barbiere magrebino Hagg Masud.*

Il gruppo si divide. Ognuno prende una strada diversa.

Scena 183
Strada Bagdad. Esterno. Giorno.

Dalila esce dalla porta di casa, e come ha fatto un passo si imbatte naso contro naso con l'asinaio.
Fa finta di non conoscerlo, e tira via.

241

Ma lui la ferma e l'afferra per una manica.

ASINAIO: *Ti possa capitare un malanno, vecchiaccia!*

DALILA: *Cosa vuoi, noioso?*

ASINAIO: *Voglio il mio asino!*

DALILA: *Ssst! Stendi un velo su quello che Dio stesso nasconde.*

ASINAIO: *Non ti lascio finché non mi avrai restituito il mio asino!*

DALILA: *Beh! Il tuo asino l'ho depositato dal barbiere magrebino.*

ASINAIO: *Andiamo!*

Dalila si mette a camminare, l'asinaio le va dietro tenendola per un lembo del vestito, per la gran paura che gli scappi. Arrivano davanti al negozio del barbiere.

DALILA: *Aspettami qui che vado a parlargli.*

L'asinaio ha un moto di paura ma poi vede che non potrebbe scappare senza passargli davanti poiché la strada è stretta e il negozio sta a pochi passi.
Così la lascia andare.
Dalila si infila nel negozio del barbiere.

Scena 184
Negozio barbiere. Interno. Giorno.

Dalila si avvicina al barbiere che sta rapando la testa di un ragazzo, gli bacia la mano e comincia a piangere.

BARBIERE: *Che hai?*

DALILA: *Ho un figlio malato, magrebino. Si è esposto alla corrente e l'aria l'ha fatto impazzire.*

BARBIERE: *Cosa posso fare per te, madre?*

DALILA: *Guarda fuori. Quel ragazzo che vedi lì davanti è lui. Era tanto savio e intelligente! Ora invece non fa che dire: « il mio asino, il mio asino!». Se si siede, dice: «il mio asino!» Se cammina dice: «il mio asino!» Il medico mi ha detto che può* guarire solo se gli saranno cavati due denti e sarà cauterizzato due volte sulle tempie. Prendi questo dinar, chiamalo e digli: «Il tuo asino è qui da me».

BARBIERE: *Digiunerò per un anno se non gli darò il suo asino in mano!*

BARBIERE (ai servi): *Scaldatemi due ferri che vado a prendere il pazzo.*

DALILA: *Hai un'uscita di dietro, magrebino? Se mio figlio mi vede ricomincia col suo asino e a me viene da piangere.*

BARBIERE: *Vai dietro quella tenda, troverai una porta.*

Dalila se ne va in fretta. Il barbiere si affaccia alla porta che dà sulla strada.

BARBIERE (all'asinaio): *Ragazzo vieni qui! Il tuo asino sta da me!*

Fa dei gesti ai servi per fare capire loro che devono tenersi pronti.

Appena l'asinaio entra, gli saltano addosso in tre, lo legano e gli danno una mazzata in testa.

L'asinaio sviene.

Il barbiere, subito, gli cava due denti e poi lo cauterizza sulle tempie.

L'asinaio si sveglia tutto dolorante e spruzzato di sangue.

ASINAIO (urlando come un matto): *Perché mi hai fatto questo magrebino?*

BARBIERE: *Me l'ha chiesto tua madre per il tuo bene.*

ASINAIO (sempre urlando): *Quella vecchia non è mia madre. È il diavolo! Allah ti renda penosa la vita per i denti che mi hai tolto!*

Litigano. Escono sulla strada seguiti dai servi. Si raccoglie gente, facendo il solito capannello che grida e ridacchia, subito partecipe delle disgrazie...

Intanto Dalila rientra dalla porta di dietro e riempie un sacco con gli utensili del barbiere. Poi se ne va per dove è venuta.

Scena 185
Negozio barbiere. Esterno. Giorno.

Mentre il barbiere e l'asinaio litigano, arrivano gli altri il tintore, il gioielliere, e Sidi. Chiedono cosa succede.
Ci sono spiegazioni confuse. Si parla di nuovo della vecchia Dalila. Decidono di andare tutti insieme a lamentarsi dal califfo.

TUTTI (parlano tutti insieme confusamente).

UNA VOCE: *Dal califfo, dal califfo!*

La gente che si era raccolta si disperde.
I cinque partono, diretti verso la sede del califfo.

Scena 186
Casa califfo. Interno. Giorno.

I cinque derubati stanno rispettosamente inginocchiati davanti al califfo in attesa delle sue parole, dopo avergli raccontato quello che è successo.
Da una parte c'è Ahmad ed Danif, con un'aria mortificata e avvilita.
Dall'altra parte c'è Shumàn, il suo rivale, tronfio, e spavaldo.

CALIFFO: *Basta. Ho capito! Danif, hai dato prova di grande debolezza. Tu con i tuoi quaranta poliziotti della parte destra non siete riusciti ad acciuffare una vecchia!*
Ora l'incarico passa a Shumàn.

Danif quasi piange per la mortificazione.
Shumàn è gongolante.

CALIFFO: *Shumàn. Prendi i tuoi quaranta uomini e mettili al lavoro. Entro tre giorni dovrai avere acchiappato la ladra, se no vi metto in prigione, tutti e due, tu e il tuo amico Danif!*

Shumàn si inchina davanti al califfo, bacia tre volte la terra.

244

Scena 187
Casa di Dalila. Interno. Giorno.

Dalila si sta facendo massaggiare i piedi dalla figlia Zainab.

DALILA: *In città si dice che Shumàn ha avuto l'incarico dal califfo di prendermi. Ma io sono come le bucce di fava: resisto all'acqua e al fuoco.*

Zainab non sta a sentire la madre. Presa dalla voglia di giocare, fa il solletico sotto i piedi alla madre, poi la guarda ridacchiando.
Dalila la spinge con un calcio. Zainab cade per terra e scoppia a ridere.

DALILA: *Metterò nel sacco Shumàn e i suoi quaranta uomini come ho fatto con Danif. Questa volta ho bisogno del tuo aiuto, Zainab. Smetti di giocare, stai a sentire!*

Zainab si fa seria, guarda la madre con occhi imbambolati.

DALILA: *Mettiti il vestito più bello che hai. Fatti bella. Tingiti le sopracciglia, arricciati i capelli, ungiti le braccia. Vai subito! Io intanto preparo un buon narcotico. Vai ti dico!*

Zainab scoppia a ridere, ma su una gamma più chiotta e trattenuta.

Scena 188
Negozio di spezie. Esterno. Giorno.

Dalila si ferma davanti al negozio. È travestita da uomo, con un gran turbante e una lunga camicia bianca.

DALILA (al mercante): *Mi hanno detto che hai uno stanzone da banchetti.*

MERCANTE: *È vero. Sono due dinar al giorno.*

DALILA: *Tieni i due dinar. Fra poco verrà qui la mia schiava, tu dalle le chiavi.*

MERCANTE: *Sarà fatto.*

Di lontano ecco arrivare Zainab che porta alla cavezza l'asino dell'asinaio carico di tappeti e roba da mangiare.

Scena 189
Stanzone banchetti. Esterno. Giorno.

Zainab tutta addobbata a festa, con la faccia scoperta, i capelli intrecciati con dei fiocchi e ornati con delle monete d'oro, gli occhi bistrati, le braccia nude cinte di braccialetti, se ne sta in piedi davanti alla porta della sala dei banchetti.
Dal fondo della strada ecco spuntare Shumàn, seguito dai suoi quaranta armati.
Zainab aspetta che la raggiunga; gli sorride, lo invita con gli occhi ad avvicinarsi.
Shumàn si accosta tutto spavaldo e ringalluzzito.

ZAINAB (parlando come se recitasse a memoria): *Sei tu Shumàn il grande guerriero di cui tutti parlano?*

SHUMÀN (pavoneggiandosi): *Sono io in persona.*

Zainab a questo punto non sa più andare avanti. Scoppia riderergli in faccia.
Dalila, travestita da uomo, con una barba bianca e un gran turbante in testa, sbuca fuori dalla sala dei banchetti e si intromette.

SHUMÀN: *Che c'è da ridere? Vuoi che ti cacci in prigione?*

DALILA: *Non date retta a mia figlia, capitano. È bella, intelligente, buona. Ha solo una stranezza: invece di piangere, ride. Ora è emozionata per l'incontro e vorrebbe piangere e invece ride. Essa è innamorata di voi, pazzamente. Sono dieci notti che non dorme più.*

Zainab fa degli sforzi per ricomporsi e poi, come ricordandosi improvvisamente la sua parte, dice in fretta, prima che le scappi:

ZAINAB: *Grande Shumàn, io mi metto sotto la tua protezione!*

Ride di nuovo.

DALILA: *Ecco, piange!*

SHUMÀN: *Da questo momento sei sotto la mia protezione! Parola di Shumàn!*

ZAINAB: *Se vuoi mostrare il tuo favore, entra con i tuoi qua-ranta uomini e bevi qualcosa da me.*

Zainab ha parlato tutto d'un fiato. Poi si volta verso Dalila e la spinge via con tutte e due le mani.

DALILA: *Sì, me ne vado figlia. Ma frena un poco il tuo amore!*

Zainab ride. Shumàn ride con lei.

Scena 190
Sala banchetti. Interno. Giorno.

Zainab entra seguita da Shumàn e i suoi quaranta uomini.
Si accoccolano sui tappeti che Dalila ha preparato per loro.
Zainab mesce da bere a tutti.
Si siede accanto a Shumàn e gli dà dei baci.
Ma le viene sempre da ridere.

SHUMÀN: *Perché piangi, amore? Vieni qui a baciarmi ancora!*

Zainab continua a ridere. Dà un bacio a Shumàn, di corsa e poi va a portare vino agli altri. In effetti quell'uomo non le piace affatto e aspetta con impazienza che la droga faccia effetto.
Infatti, appena gli uomini hanno mandato giù la seconda tazza di vino, cominciano ad addormentarsi, uno per uno, tutto quanti.
Anche Shumàn si addormenta pesantemente mentre cerca di attirare a sé Zainab.
Appena Zainab vede che dormono tutti, ne tocca qualcuno col piede, facendolo cadere all'indietro, poi corre a chia-mare la madre.
Dalila entra. Spoglia tutti i poliziotti, cominciando da Shu-màn. Prende loro le armi e i vestiti. Carica la roba sulle spalle della figlia e poi se ne va tirandola per un braccio.

Scena 191
Casa di Danif. Interno. Giorno.

Danif abita in una bella casa spaziosa, possiede schiavi e schiave, tre mogli e molti figli.
Dalila, sempre travestita da uomo, va a bussare alla porta di Danif.
Apre un servo.

DALILA: *Chiamami subito il tuo padrone, è una cosa urgente.*

SERVO: *Il tuo nome?*

DALILA: *Sono Kawkab as Sabat, il grande mercante di schiavi, rinomato in tutto il mondo.*

Dalila mette in mano al servo dei denari. Quello le bacia la mano e corre via contento.
Arriva Danif, mezzo addormentato, con la camicia tutta sgualcita, i capelli spettinati, cercando di coprirsi la grande pancia con un cinturone altissimo.

DANIF: *Onore a voi!*

DALILA: *Ho poco tempo, Danif. Devo andare dal califfo a vendergli cento schiavi negri. Mi hanno detto che hai bisogno di schiavi.*

DANIF: *In effetti, con le due nuove mogli che ho preso mi manca sempre il servizio.*

DALILA: *Ho l'occasione da proporti. Per cinque mila dinar ti vendo quaranta schiavi robusti e pieni di salute.*

DANIF: *Cinque mila dinar sono troppi, Kawbak. E poi quaranta schiavi, che ne faccio?*

DALILA: *Vieni con me! Sono sicuro che appena li vedi li prendi, subito.*

DANIF: *Aspetta che avverto i miei servi.*

DALILA: *No, vieni subito. Ho poco tempo, Danif. Andiamo!*

Scena 192
Sala banchetti. Esterno. Giorno.

Dalila arriva quasi di corsa, seguita da Danif che suda e ansima.

DALILA: *Affacciati qui dentro. Ma fai piano che dormono. Hanno camminato per tre giorni e tre notti. Ora hanno mangiato e dormono. La merce bisogna trattarla bene, Danif!*

Danif dà uno sguardo. Vede quaranta uomini nudi che dormono. Fra di loro c'è anche Shumàn, ma è riverso per terra e Danif non lo riconosce.

DANIF: *Vedo che hai ragione. Sono giovani robusti e ben nutriti. Me ne servirò per costruire la nuova casa. Ora che ho tre mogli, ho bisogno di spazio. Però ti dò solo quattromila dinar!*

DALILA: *Va bene. Solo perché sei tu, Danif, e mi stai nel cuore come un gioiello. Dammi subito i soldi e l'affare è fatto!*

Danif tira fuori i soldi. Li consegna a Dalila che se ne va frettolosamente lasciando Danif solo davanti alla sala dei banchetti.

Scena 193
Casa Strega. Interno. Giorno.

Shumàn, che ha perso tutta la sua sicurezza e la sua spavalderia, dopo l'ultima disavventura, va a trovare una strega di sua conoscenza, per farsi aiutare da lei. Cammina borbottando fra sé, esasperato e furente.

SHUMÀN (parole confuse di rabbia).

La strega, che rassomiglia stanamente a Dalila, è vestita come lei il primo giorno che è andata a fare le truffe, da santona. Abita in una stamberga priva di luce e d'aria, vicino alle mura della città.

SHUMÀN: *Mi ha spogliato nudo, me e i miei quaranta uomini, capisci! Il mio onore è perduto! Se non l'acciuffo entro domani, il califfo mi butterà in galera!*

STREGA: *Sdraiati lì!*

Shumàn si sdraia sul lettuccio sgangherato e sporco che gli ha indicato la strega.

La strega gli apre la camicia. Fa dei segni sul petto dell'uomo con un coltello. Poi appoggia l'orecchio sulla parte del cuore. Shumàn trattiene il fiato. Poiché crede nella magia, ne ha paura.

STREGA: *Il tuo cuore mi dice che sarai beffato ancora.*

SHUMÀN: *Ma intanto cosa devo fare per trovarla?*

STREGA: *Te la trovo io. Dammi mille dinar!*

Shumàn umilmente tira fuori mille dinar. Ha troppa paura della strega e dei suoi modi autoritari per mettersi a discutere sul prezzo.

Scena 194
Casa dell'Asinaio. Esterno. Giorno.

La strega bussa alla casa dell'asinaio.

ASINAIO: *Chi è?*

STREGA: *Tu non sei quello a cui hanno rubato un asino?*

ASINAIO: *Sì. Dov'è?*

STREGA: *Entro stasera lo riavrai.*

L'asinaio si butta in ginocchio e bacia la mano alla strega.

STREGA: *Il tuo asino aveva una moglie, è vero sì o no?*

ASINAIO: *Sì, ma è malata. Non ci vede.*

STREGA: *Non importa. Portamela qui subito.*

L'asinaio va dentro e ritorna fuori subito reggendo per la cavezza un'asina così magra e malridotta da far pietà. L'asina, appena sente le parole della strega, manda un raglio disperato.

La strega l'accarezza e la porta via con sé.

Scena 195
Strade di Bagdad. Esterno. Giorno.

La strega con l'asina gira per le strade di Bagdad.

Ogni tanto dice due parole all'orecchio dell'asina e l'asina raglia.

Arrivano nelle vicinanze della casa di Dalila.

L'asina, spronata dalla strega, manda un grido d'amore doloroso.

Subito si sente suo marito l'asino che risponde, con voce potente e felice.

La strega segue il suono della voce dell'asino ed è così che arriva alla casa di Dalila.

STREGA (fra sé, trionfante): *Dalila, sei presa!*

Poi con un carboncino si scrive il numero della casa sul palmo della mano.

Poi, sempre con l'asina alla cavezza, se ne va.

Prima di voltare l'angolo, l'asina lancia un ultimo lancinante grido di richiamo, a cui risponde ormai fioca e lontana la voce disperata dell'asino prigioniero.

Scena 196
Sponde del Tigri. Esterno. Sera.

La giornata è bellissima. Il sole sta scendendo verso il deserto. Le acque del Tigri scorrono verdastre e molli.

Sulle rive color giallo opaco la folla si accalca attorno a un enorme crocefisso che viene piantato al suolo da quattro soldati.

Ci sono tutti: i derubati con le loro mogli e i loro servi, Danif con i suoi armati e Shumàn con le sue guardie.

In mezzo a loro, legata e incatenata, ecco Dalila la furba, per niente turbata, ma tranquilla e sicura come al solito.

Aiutandosi con scale, carrucole, pali e corde, Dalila viene tirata sulla croce e legata ai polsi e alle caviglie. Il castigo consiste nel lasciarla morire di fame e di sete in cima al palo.

La folla accorre sotto la croce a guardare Dalila che penzola dall'alto, le gambe incrociate, le braccia aperte.

C'è chi grida qualche insulto, chi sghignazza, chi la compatisce.

Infine tutti se ne vanno. I capi della polizia a cavallo, gli altri a piedi.

Dalila rimane sola sulla croce. Ai suoi piedi due guardie se ne stanno rigide impalate con le lance in mano.

Scena 197
Sponde del Tigri. Esterno. Notte.

È notte.

Dalila se ne sta appesa alla croce e sembra morta.

Le due guardie, stanche, si sono addormentate ai suoi piedi, abbracciate alle loro lance.

Sulla strada vicina passano due viandanti. Sono due beduini e chiacchierano tranquillamente fra di loro.

1° BEDUINO: *Tu che vai a fare fino a Bagdad?*

2° BEDUINO: *Vado a trovare mio nonno. E tu?*

1° BEDUINO: *Io vado per mangiare le frittelle col miele. Mi hanno detto che sono le più buone del mondo.*

2° BEDUINO: *L'ho sentito dire anch'io.*

1° BEDUINO: *Sull'onore degli Arabi, non mangerò altro che frittelle con zucchero e miele!*

2° BEDUINO: *Io qui volto a sinistra perché mi fermo a sud della città. E tu?*

1° BEDUINO: *Io vado avanti dritto. Addio.*

2° BEDUINO: *Addio!*

Dalida alza un poco la testa.

Intanto il 1° beduino continua a camminare finché arriva proprio davanti alla croce.

DALILA (canta allegramente).

1° BEDUINO: *Ma perché sei crocifissa?*

DALILA: *Ho un nemico, mercante di olio, che frigge le frittelle con zucchero e miele. Mi sono fermata per comprarne qualcuna e, senza volere, ho sputato nella pentola piena. Lui l'ha presa* come un affronto e mi ha querelato alla polizia che mi ha condannata alla croce, dicendo: «sentenzio che siano presi dieci rotoli di frittelle con zucchero e miele a conto suo e gliele date da mangiare, mentre essa è così crocifissa. Se le mangerà tutte, sarà liberata, se no, laciatela morire in croce!».

1° BEDUINO: *Ma che castigo è? Ci vuole poco a mangiare delle frittelle con zucchero e miele!*

DALILA: *Lo dici tu! Io ho la nausea dei dolci. Solo a guardarli mi viene da vomitare.*

1° BEDUINO: *Per l'onore degli arabi! Sono venuto apposta dalla mia tribù per mangiare le famose frittelle col miele di Bagdad. Le mangerò io in vece tua!*

DALILA: *Ma la prova sta nel mangiarle appeso alla croce.*

1° BEDUINO: *Mi metto al tuo posto, mangio e poi sarai libera. Ti va?*

Dalila fa cenno di sì.
Il beduino scioglie Dalila e si mette al suo posto facendosi aiutare da lei.
Dalila prende il turbante del beduino, monta sul suo cavallo e se ne va felice e contenta, borbottando euforica fra sé:

DALILA: *«Il pensare bene della sorte è cosa stupefacente: pensane male e sii sempre pronto a cambiarla in tuo favore!»*

Scena 198
Sala delle udienze del Re. Interno. Giorno.

Il Re ha ascoltato. Resta immobile. Non si muove un muscolo della sua faccia. Gli occhi sono fissi nel vuoto. Cosa pensa? Cosa decide? La storia di Dalila gli è piaciuta più o meno di quella del gobbetto?

RE: *Ehm... ehm! Vi impicco, o non vi impicco? Morirete o vivrete? La storia di Dalila è più bella o più brutta della storia del gobbetto?*

Gli imputati stanno sudando freddo, e i loro occhi sono incollati sul Re: il quale — oscuro certo anche a se stesso — non sa decidere di che destino le sue parole saranno manifestazione:

RE: *Vi impicco o non vi impicco? Morirete o vivrete?*

La moglie del sarto — quella che mettendo il boccone del pesce in bocca al gobbetto è stata causa di tutto questo seguito di avvenimenti e della tragedia finale — si risveglia come da un sonno, riaffiora dal nulla in cui, dopo quel gesto iniziale, era precipitata...

MOGLIE DEL SARTO: *Principe dei Credenti...*

RE: *Eh?*

MOGLIE DEL SARTO: *Posso fare un tentativo...*

RE: *Fallo!*

Presa dalla sua improvvisa e tardiva ispirazione, la moglie del sarto si avvicina al gobbetto morto disteso tra gli imputati e il Re: e comincia energicamente a massaggiarlo: fatto questo gli apre la bocca, vi introduce le sue dita sottili, fruga un po' dentro la gola, poi i suoi occhi si illuminano, e tira fuori le due dita che stringono una lunga spina di pesce!

Appena la spina gli è estratta dalla gola, il gobbetto apre gli occhi, si guarda un po' intorno, poi fa un gran sternuto, e balza in piedi.

Gli imputati, a quella vista, non sanno trattenere la loro felicità e cominciano a saltare e a ballare di gioia abbracciandosi e baciandosi fra loro. E il gobbetto sapendo di essere causa di tanta felicità, è felice anche lui, e fa la sua buffa capriola.

Anche il Re è contento della piega che ha preso la cosa e alzandosi in piedi e sorridendo proclama:

RE: *Questa è veramente una storia meravigliosa: e perché non venga mai più dimenticata, la metteremo per iscritto in lettere d'oro!*

Oscar narrativa
Periodicità: 6 numeri alla settimana
n. 179 del 25/1/1990
Direttore responsabile: Alcide Paolini
Registr. Trib. di Milano n. 109 del 7/2/1989